老樹創意

老樹創意

林大有◎編著

該問路的時候，不要裝酷

（原書名：烏龜為什麼愛上陽台）

前言

美國著名心理學家威廉・詹姆斯對「聰明人」和「愚蠢人」是這樣劃分的：聰明人用對手的智慧來塡補自己的大腦；愚蠢的人用對手的智慧干擾自己的情緒。

匈牙利著名詩人裴多菲在《人生的斜坡上》一書中說：「生命的多少用時間計算，生命的價値用貢獻計算。」貪欲過熾，朝生暮亡。人的欲望與現實之間的鴻溝永遠無法逾越，因爲人的貪欲永無止境，無法滿足，這正是人性的缺憾！有人說：「中國的窮人是眞正的窮人，但是富人卻也不怎麼像富人。在中國富人身上，我們很少能看到金錢的魅力，那種健康的、讓人著迷的社會推動力。」

約瑟夫・坎貝爾說：「唯有進入深淵，我們才能尋回生命的寶庫。你跌倒的地方，正是寶庫的所在地；你最害怕進入的洞穴，正是你探索的源頭。」

停止抱怨吧，抱怨他人與環境只會使我們精神頹廢。也許我們無法掌握風向，但我們至少可以調整風帆；也許我們難於左右事情，但我們至少可以調整心情。網路上流傳著這麼一段話：「我們無法決定自己壽命的長度，但是可以拓展它的寬度；我們無法干預天氣

前言

晴雨，但是可以轉變心情的悲喜；我們無法改變自己的容顏，但是可以歡展笑顏；我們無法左右他人，但可以掌握自己；我們無法預知明天，但是可以善用今天；我們無法樣樣都順心，但是可以事事皆盡心。」

本書編選了四十六篇能夠幫助讀者改變思維方式的小品，在四十六篇啓迪心靈的小故事中闡述了四十六個醍醐灌頂的大智慧。編者匠心獨運，爲每篇故事精心配上雋永的警言，再加以微妙點撥，必能爲讀者打開一個個新的視角。

改變思維邏輯就能夠改變自己的人生，常識經常會蒙蔽我們的眼睛，而本書會讓你看到不一樣的世界，讓你更有智慧與力量。

目錄

ASADAL
ASADAL

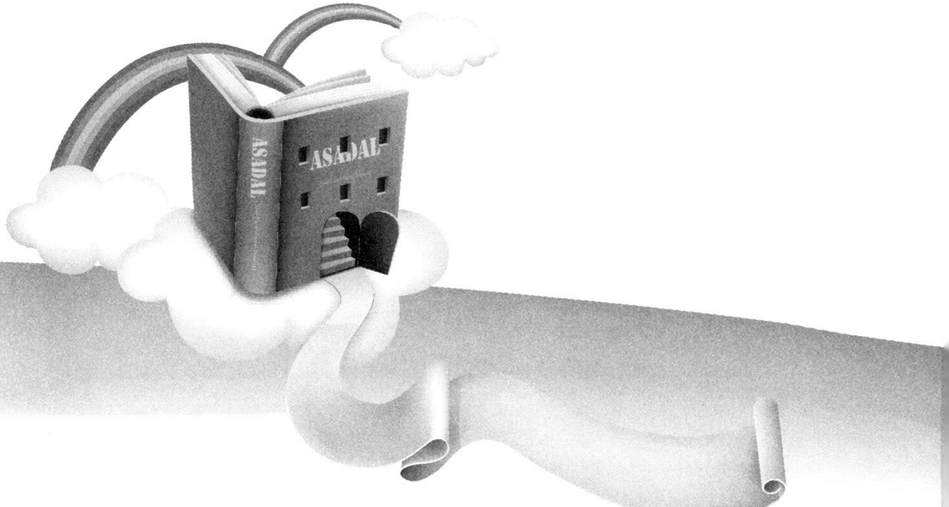
ASADAL
ASADAL

欣賞彎路的美麗

彎曲是一個優美的姿式，
彎曲是一門人生的藝術。
面對滿空落雪，
雪松不斷地彎下，結果完好無損。
為了呼吸空氣與享受陽光，
小草彎彎地生長，結果衝出亂石的阻隔。
生命有不能承受之重，
我們要會退步，靈活地拐個彎。
彎曲不是妥協，而是戰勝困難的理智忍讓；
彎曲不是倒下，而是贏得更直挺的站立。
懂得彎曲，是迎戰厄運的果敢；
懂得彎曲，是利用美的感覺面對生的苦難。

不諳熟人際關係的我有這樣一個同事，他說自己過去只有中學畢業，如今早已通過自學成了「雙學士」。從國立大學畢業的我，則稱讚他是「社會大學自學成才」的高材生，而在正規院校讀了幾年聖賢書的我反顯得有點自卑，覺得他單是閱歷就比我的學歷強。

後來，在一次聚會上，一個鬱鬱寡歡的朋友說，他職場不得志，情場又失意。

大家都一個勁兒地安慰他，我卻對他說了這樣的話：「可能從目前來看，你沒有我們好，但你的經歷一旦找到合適的時機，你就會超越我們。打個比方說，兩個人同去A地，第一個碰巧趕上了直達車，二十多分鐘就到了；第二個換了幾趟車，邊走邊打聽，花了兩個多小時。表面上看，第二個人好像走了不少彎路，可第一個人只知道一個A地，而你一路上認識了B、C、D、E……甚至還知道哪裡在修路，哪裡的路好走，哪裡的路總堵車。你能說，他倆到底誰收穫的多呢？」

酒桌上，衆人都沉默無聲，陷入一片反思。我則想著這幾年自己走的路，實在太順、太快，沒遇到什麼風雨，沒有過什麼泥濘，我的職業路線圖沒波浪、沒螺旋，竟是一條直線。走得太快，結果忽略了路邊的風景。最美的風景，並不一定在終點。不妨停下來看一看周圍，就像爬山一樣，不時眺望山頂，會讓你牢記目標；每到一個新的高度都能欣賞身

邊的美景，慢慢地爬，以體會消逝的分分秒秒。當你達到山頂時，所看到的風景才會讓你的旅程達到高潮。

我也曾爲自己毫無曲線的人生感到自豪，但自從聽了那位同事講自己的曲折經歷後，我猛然發現，天有不測風雲，萬一人生的風雨、大浪突然襲來，我有完善的防禦體系來護衛自己嗎？也許在父母的蔭庇下，我能逃避人情世故，這是因爲有家這個港灣啊，然而父母呵護得了我一輩子嗎？

直到這兩年來，自己工作上的不順，總算讓我嘗到了其中滋味。

人生有三境——順境、逆境和平常之境。順境是揚風快帆，是春風得意，是乘纜車看風景；逆境猶如在山路上攀登，是汗水和淚水一起往肚裏吞的跋涉；而平常之境則是在從從容容、平平淡淡中默默地度過生命。人在順境，需要保持危機意識；人在逆境，需要學會自己舔舐傷口；而在平常之境，需要有一顆敏感的心拒絕平庸。人生又是一場搏鬥，每個人都要接受命運的挑戰，當你置身於逆境中，更要自強不息，頑強拼搏，因爲許多人一生之偉大，都是從艱難困苦中磨煉出來的。

感悟點滴

在學校時，我們不喜歡「三點一線」，進入社會，我們的生命不能是「兩點一線」。其實繞彎路也是人生的一筆財富，它能使人處世更冷靜、更理性、更具判斷力，能管理好隨時遇到的危機，使自己不會在陰溝裏翻船。人生的美麗也在於過程。人生若是一條直路，很快就走到底，多單調呀！人生要是彎路呢？我們有前，有停，有轉，甚至還有退，這使我們有更多的時間來欣賞一路的風光，而當我們遲暮晚年再回首思憶時，我們走過的彎路，是階梯向上，是峰迴路轉，是小溪的蜿蜒，是彎彎的彩虹所勾畫的人生美麗圖畫！想想，人在畫中，畫在眼前，人卻能在畫中行，這是多麼獨特和富於詩意的人生呀！

春花夏葉中潛藏著果實

有志者把貧窮與苦難當做一筆財富；
懶散者在貧窮和苦難中什麼也沒學到。
人在任何時候都不應放棄信念和希望，
一息尚存就要有自強不息的奮鬥精神。
大自然無時無刻都在啓迪著人們，
春花夏葉的舞動中蘊含著生命的果實；
巨大的岩石也能長出青青的小草，
風雨只是修改你命運的枝節，
不要一遇挫折就說自己一無是處。
沙漠行者懷抱著信念，
腳下就沒有穿不過的風雨和涉不過的險途。

阿雄是個鄉下人，沒有大學文憑，身高不足一米七。他曾連份工作都找不到，一度靠

撿垃圾爲生，只能在郊區的樹下或橋洞裏過夜。天無絕人之境，勤勞和善於思考的人總是會有希望的。一次撿垃圾時，讓阿雄改變了自己的命運。

那天，阿雄見一位老人把一盆花扔掉，忙問：「老爺爺，好好的一盆花，幹嘛扔了呢？」

老人歎了口氣說：「小夥子，花養久了，泥土給澆沒了，而台北市泥土不好找，要跑到郊區才有，所以只好扔了。」

沒過幾天，阿雄又見一位中年婦女以同樣的原因準備把花扔掉，便說：「阿姨，扔掉怪可惜的，我住的地方有泥土，我給妳弄點來，這花還能養好長一陣子。」

第二天一大早，阿雄就送土上門，她高興地給了他十五塊錢。就這樣，阿雄一見到扔花的人，就給他們泥土。一個月下來，竟賺了好幾百塊錢。

阿雄於是天天帶著一袋泥土到社區叫賣，可效果不好，還引起居民的反感，於是他想：需要泥土的，只有養花的人，只有針對這些人，泥土才能推銷得出去。有了這樣的教訓，阿雄破費地辦了手機，又製作了一些名片，對買土的人，只象徵地收點錢，然後送一張名片，對他們說下次買，只要打手機就行。

剛開始一段時間，生意還很好，可不久客人漸漸少了。阿雄很納悶，便問一位曾買過他泥土的人，人家告訴他：「你賣的土沒什麼肥分，時間一長，花便枯了，誰還會買呢？」真是一語驚醒夢中人，阿雄當天就到書店買了相關書籍，看了幾天，終於摸出點門路來，並買了些肥料，按書上的說明，嚴格地按比例配製而成，而且還買了一些精美的紙把泥土包好，並在包裝紙上寫下「高肥花盆土」。這樣一來，價格也提高了，而買的人竟然比以前還多，阿雄忙不過來，請了幾名幫工，算下來，一個月淨賺四五千元。

可是，過了不久問題又來了，業務量明顯增多，收入卻有問題，阿雄發現是自己的內部管理不良，手下有的人私自隱瞞了一些收入，有的甚至自立門戶，同樣做起了賣土生意，成了他的競爭對手。眼看著別人搶佔自己的生意，阿雄覺得應該求新求變，否則無異於坐以待斃，只有做到人無我有，人有我優，人優我特，才能在激烈的市場中生存。

於是阿雄在泥土配方上做了一些較大的更動，在包裝和銷售服務上頻出奇招，先後推出了多個品項的花盆土，並標明富含鉀、磷、氮等多種元素，適用特定種類花卉，而且在包裝上印刷了幾條實用的養花、育花常識，比如怎樣使花開得更持久，以及一些養花禁忌等小常識，這樣，居民養花有章可循，也就更樂意買他的花盆土了。

後來，阿雄又請教了一位農學院的技師，爲養花戶解決了許多實際問題，還註冊了專門公司，他知道，只有按商業規律運作，形成自己的品牌，才能事業長青。

如今的阿雄已經在台北市買了自己的小豪宅和一輛二千CC小轎車，並且娶了一個稱心如意的妻子。

感悟點滴

踮起腳尖，就是另一條生命，另一種活法，另一番境界。湖南衛視《拍案驚奇》有這樣一段導語：「生活處處有商機，人生時時有故事。商海——波瀾翻湧，大浪淘沙；商戰——風雲變幻，彈指硝煙；商人——浮生百面，歲月如歌；商情——智者攻略，贏家天下。」

執著是成功的雞湯

執著的人從不三心二意，
咬定不鬆口。
執著的人心無雜念，
衣帶漸寬終不悔。
勾踐的臥薪嚐膽，
祖逖的聞雞起舞，
楊時的程門立雪，
達摩的面壁靜修，
柏拉圖甩手三百，
阿來的《塵埃落定》被拒絕了三十多次，
凡爾納的首部科幻小說被拒絕了十五次，
再努力一次你就能成功。

法國巴黎的「秋季沙龍」是一個世界性的著名文化活動，近百年來，有上千位世界各地藝術家都是在這裏一舉成名，其中包括塞尙、羅丹、雷諾瓦等世界級的大師，由此走向世界舞台。

二〇〇二年的四月四日，在這裏最讓人們矚目的，是一個名叫蔡志松的黃皮膚、黑頭髮的二十九歲中國人，他依據戰國時期人物造型創作的《故國．風》，奪得了最高桂冠——「泰勒大獎」，這是中國藝術家首次獲此殊榮。

在一片掌聲、歡笑、歌聲、美酒背後，他的每一分成長都是緣於一份執著。

逆風中，一隻執著於飛翔的「醜小鴨」

蔡志松十五歲時患重病進了醫院，醫生忙了半天，他的高燒絲毫不退，醫生歎氣道：「看這孩子的命吧！」幸運的是，他吃了臨床一位患者剩下的藥竟奇蹟般的好了，但是家裏的清貧，使不幸的他自幼在心靈蒙上了陰影。好在蔡志松刻苦勤奮，考上了重點中學，並由此對中國古典文化產生了強烈的興趣。

對於很多人來說，命運也許就是要你遭遇挫折。他兩次大學考試落榜，但仍咬緊牙說：「不，我就是要進中央美院。」他在雙眼什麼也看不清，被醫生確診爲急性角膜炎

時，心裏依然把雕塑之夢看得清清楚楚。失敗也害怕拼老命的人，一九九二年，他終於如願以償，穿著舊衣，滿腔自信地行走在中央美院的校園裏。

對雕塑不同尋常的理解和領悟

大學五年，他生活很落伍，專業很頂尖。許許多多個夜晚，當室友們去唱歌跳舞談戀愛時，他學會了獨處，他喜歡「看雕塑教具」的獨特學習法，在一個個雕塑面具前，久久的凝視、思索，又邊看邊做，從而有了非同尋常的理解和領悟，使得他又一次次發現新的奧秘。雕塑是造型藝術，是空間藝術，蔡志松渴望自己雕塑藝術作品也雕塑人生，拓展美好的生存空間。

然而，他的成績總是落後於實力。考研究所失敗了，他不得不出去找工作，校園依舊美好如昔，自己也許就得跟藝術揮手告別。也許藝術並沒遺忘他，藝術眞的需要他，北京市政府決定在盧溝橋建抗戰紀念群雕，美院接了這項工程，並邀蔡志松參加製作，他的出色手法，終於使母校破格讓他回校執教。

此後，他的創作激情時時激勵著他，他說：「在現代藝術領域裏，一直在提倡藝術多元化發展，其實這種多元化是以西方文明爲主導的多元化，其本質是一元化。一個民族如

果文化精神消亡了，那麼民族精神也將被動搖。藝術家是社會最敏感的神經，藝術家有責任將本民族的文化繼承並光大，但是由於政治經濟發展水準的不同，使我們遺憾地看到當下許多地域的文化被西方強勢文化解構，或邊緣化。我們現在多數人都在追隨西方的潮流，我要做的就是打破這種一元化，開創另外一種現代藝術樣式，一種能體現我們東方民族氣質、能包含我們中國幾千年文化底蘊的現代藝術語言，在宏觀的文化領域裏，眞正和國際平等對話。」就這樣，故國系列雕塑在他的腦海中日漸清晰。

像膠水一樣執著，成功是永不放棄

當然，對於藝術創作，除了技藝，還得靠毅力。一件雕塑作品，蔡志松要做幾個月甚至一兩年。在創作一件以春秋戰國時期人物造型爲原形的雕塑時，因爲難度大，思路受阻，久久沒有進展，他就放棄了。

但過了幾個月，當他重新看到這件被遺忘在角落裏的初稿時，心裏一個勁兒地說：沒有困難，哪有突破？他決定完成它！

蔡志松給露在外面的雕像手腳貼上銅箔，把薄銅皮剪裁成衣服穿在人物身上，然後又穿頭髮，一根一根將銅絲按古代的髮飾編起來，編完頭髮再編腰間的繫帶……可銅絲又硬

又細像鋼針，一次次穿過手套刺破了他的手指。

爲了表現出衣服的顏色，他親自用硫化鈉腐蝕銅，強烈的氣味刺激得嗓子發火腫痛，空氣中的銅粉飄進眼睛裏奇癢奇疼。當整體完工後，蔡志松又拿起鋼焊條給一些眼兒注入銅水修補，用鏟、銼、雕塑刀一下一下地剔除表面的瑕疵。

終於，這件曾被放棄的半成品，在蔡志松的打磨下終於放出熠熠的藝術光輝——這尊高八十三公分、重五十公斤的《故國·風》後來漂洋過海，到了法國。它和它的創作者一起登上了世界藝術的最高舞臺。

二〇〇二年的春天，蔡志松捧著剛獲得的「泰勒大獎」獲獎證書，心潮起伏。他站在畢卡索、塞尚、羅丹曾經站過的舞臺上，他和他藝術的偶像站在一起。他心中澎湃不已，曾經的苦難一點一滴地融化在幸福的海洋中，心頭曾經的暗淡被今日的陽光照亮，曾經年少的夢就這樣被雕成生命的獎章。

感悟點滴

有人說，認真是一種態度，執著是一種精神。一種態度也許只能影響一個人的一

生，但一種精神可以影響一代、數代人乃至整個民族。許多人並不是缺乏認真的態度，只是少了點執著的精神。

然而，像蔡志松這樣的人，面對窘境而坦然，面對遙遠夢想而孜孜追求，很令人感動。原來，人生的極致乃是藝術，藝術的極致亦是人生。

因此，我們不要輕言放棄，蝴蝶在經歷破繭而出的痛苦後終於得到令人豔羨的美麗。人生固然有許多的無奈，但更多的是出人意料的精彩。給自己一個機會，給自己一點信心，給自己一點專注，有我所愛，不如愛我所有，無論是什麼夢想，自己才是實現夢想的天使，執著才是實現夢的能源。你需要做的是，根據自己的人生終極目標，調整並重組補充你的「能源庫」，務必使「能源庫」竭盡全力支援人生終極目標。

注意，態度會從手上洩露

一滴水裏藏著一片海洋，
一粒沙裏看出一個世界，
一朵花裏擁有一座天堂。
從生命的意義去看世界，
大象和螞蟻的大小都一樣。
手就是人的一張臉，
把臉上的快樂寫在手裏，
別人就能感受一片溫情；
把無限放在你的手上，
永恆就在剎那間收藏。
記住，做好每一件簡單的事就不簡單，
做好每一件平凡的事就不平凡，
一雙平凡手也有豐富的生命內涵。

感動藝術家的一隻「左手」和一隻「右手」

二十世紀頗富盛名的表演藝術家傑米．杜蘭特，是許多單位力邀演出的對象，但傑米總是分身乏術。由於盛情難卻，他答應爲某單位進行一段幾分鐘的獨白。然而，在那裏發生了一件出人意料的事。他做完獨白並沒有走，竟一直連續表演了半個多小時。

有人問他爲何臨時決定加長演出。

「本來我是打算要走的，可是當我看見第一排兩位觀衆時，便決定留下來。」

原來，第一排坐著兩名男觀衆，他們在二戰中都失去了一隻手，一個是左手，另一個是右手。

但他們配合默契，用自己的一隻手有節奏地去拍擊對方的那隻手，拍得是那樣的響亮和開心，連藝術家都大受感動。

畫自己最感激的事物

一位教低年級的老師要求學生作一幅畫，畫出自己最感激的事物。這些孩子畫的要麼是蘋果，要麼是雞蛋，或者是別的好吃東西，而一名學生畫的竟是一雙手。

老師問這名來自貧窮地區的學生：「你畫的是誰的手呀？」

「那是聖誕老人給我們禮物的手。」一個孩子搶著回答。

「這不是聖誕老人的手，老師，這是您的手。」畫這幅畫的孩子輕輕地說，「您會用溫暖的手拉著一個貧窮的學生散步，我想這是我最感激的事物。」老師聽了，頓時熱淚盈眶。

一雙普通的手，卻能做出許多極富愛心而感人的事來，而這些事，往往只是一些微不足道的小細節。

有人會讀你的手

你注意到了嗎？有人向你敬酒，是雙手捧著酒杯。單憑這雙手，就可以讀出對方的修養、尊重和眞誠。

做過很多事，遇過很多人，看過很多臉，你是否在意這雙手呢？你是否注意過，別人是怎樣用手表達心意的？你是否懂得用手去表達尊重與關愛？

當今時代，你可能會在乎別人的言語、臉色、體態與笑容，卻忽視了自己這雙手的姿勢。別小看這雙手，儘管它只是一個細節，但足以成爲一種態度。表面上看，手的功能就是取物、握手、進攻……其實，我們的靈魂也在上面。

關於手，我還讀過這樣一個故事。

有人想給自己十歲的小女兒一個機會教育，以培養她的愛心，於是讓她把一塊麵包遞給流浪街頭的老婆婆。老婆婆笑著伸出手，可她不是去接麵包，而是想撫摸一下小女孩的臉。小女孩見一雙手髒得「像蒼蠅的家」，嚇得大叫起來，扔下麵包，馬上脫身……

我想，這雙手雖然奇醜無比，但它也還是溫暖的。不過每個人未必得接受它，其實也很少有人能接受。我們必須承認，自己的愛心很多時候只能點到爲止，每個人可以只是一縷陽光，而不必是偉大得可以照耀每一個角落的太陽，換句話說，我們除了具有一顆同情心以外，要學會敬仰一些比我們更好的人，他們做到了一些我們辦不到的事。

感悟點滴

「樂於付出是成功者的事情，難於付出是失敗者的實情。」這正所謂：「達則兼濟天下，窮則獨善其身。」而這恰是他們成功或失敗的另一個原因。人的精神力量是

無窮的，應當懂得奉獻自己的精神力量，懂得感激和奉獻是高尚的，懂得在細節上關愛別人是智慧的，而且生命對這種人的投資回報率也是極高的，他因此成了世人眼中的成功者，並受到尊敬和讚揚。

世界上最遙遠的一步之距

跟輕視小事、細節一樣，
有些人容易犯輕視小人物的毛病，
看到小人物要麼不屑一顧，
要麼態度傲慢；
看到大人物要麼不禁自卑，
要麼巴結奉承。
一個人應當既不顯高人一等，
也不表現短人一分；
既不高傲地裝腔作勢，
也不要百般的奴顏卑膝；
學會平等待人，這是交際原則，
學會友好處世，這是生活智慧。

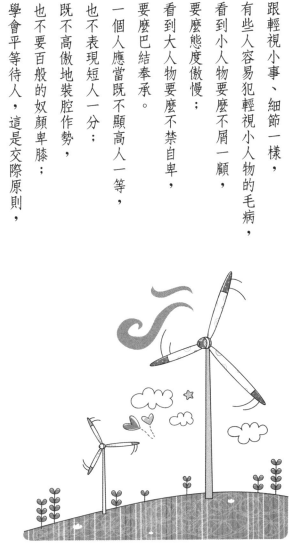

搬來這個社區已經三年了，然而我對它依然感到陌生，甚至連我的對門也如此。當然，這不能不怪我，因爲像我這樣的人，不指望結交任何人，可我也覺得，對門的他們好像也沒有一點認識我的興趣。

我的門朝東，他們的門向西，似乎我們出門的習慣也不同。幾米有一本漫畫叫《向左走，向右走》，很引人深思。該書改編成電影，配的主題曲名叫《遇見》，孫燕姿的歌聲很激越：

我等的人/他在多遠的未來
我聽見風/來自地鐵和人海
我排著隊/拿著愛的號碼牌
我們也曾/在愛情裏受傷害
我望著路/夢的入口有點窄
我遇見你/是最美麗的意外

是啊，漫畫故事中的兩位男女主角，一個出門總是朝左走，另一個出門總是向右走，他們本是住同一幢公寓，但始終不曾遇見，但他們終究遇見過一次，只是之後依舊一個朝左走，一個向右走，始終無法再次遇見。

我不善辭令，不諳達社交技巧，甚至可以說有點「笨」。但至少我是有心理準備的，因爲對門使我充滿了想像，在如此近距離中，有著如此陌生的人；在我看來，這是很神秘的，當然值得關注。我不知道對門眼中，是不是也把我看成一個外星人。

在我的眼中，他們很忙，忙得可能把對門的存在當做一種點綴，偶爾有閒時隨便瞟上一眼。

有一次朋友來玩，突然問對門是幹什麼的，我說是開門然後又關門的。朋友又問，然後呢？我說，再後來就是再開門再關門，其他我就不知道了。其實，還有一點，我沒跟朋友說，就是有時在深夜會聽見「轟」的一記鐵門聲，無論是開門、關門、聲音都很憤怒，充滿了對外人的警告。我深知自己從沒做過任何偷盜之事，但也不免有一絲恐懼，害怕被別人當成盜賊，因爲我開門、關門和上下樓都很輕，其實我爲的是不打攪別人。

但對門的「警告聲」，使我邁不出主動的步伐，跨過這僅僅是一步路的距離。天涯海

角也算遠，但明天我肯定能買張機票飛向它；可是明天，我未必能到達對門客廳的沙發。

日子就這樣過了一個明天又一個明天，我在陽臺上也幻想了一遍又一遍。終於有一天，對門的人在陽臺上與我對視了一次：那是他舉著曬衣竿把褲子掛在上面，突然回頭看了一下。

可是，他並沒向我微笑，而是馬上就轉身回屋，再也沒有動靜。我是眞的向他微笑了，可一下子從舒心變得嘔心起來，就好比吃了一塊美味的紅燒排骨，突然卡在喉嚨裏，眞想把它吐出來。

我於是想到這樣一句話：兩個囚犯是不需要對視的，除非他們打算合謀而逃。生活就是這樣，有的人就是漠視這個世界的存在，用冷酷來掩飾自己的痛苦，始終躲避著寒冷與熱情在瞬間碰撞的震撼。

我知道人與人之間的結交，不能只是一廂情願。沒有共同的心願是走不在一起的，即便是走在一起的人，發現實在找不到共同語言了，也會分開的。而人與人之間，只有雙方有結交的願望，友情的種子才會發芽，也許對門的人也懂得這是一個「人」的社會，所有的活動、交易、成就都要從人與人的接觸中產生。別人供給你所需，肯定你的貢獻，甚至

你存在的價值，這一切都建築在人們的回應上。所以你認識的人愈多，公共關係愈好，就愈容易成功！

阿姆斯壯登上月球時，他說他代表人類邁出了一大步。阿姆斯壯的事蹟可能在時空上離我們都很遙遠，但我們就在這麼一個社區，而且還是面對面，卻連彼此的門都難以抵達。眞的很遠嗎？我又用眼量了一下，眞的只是一小步，如果用蝸牛爬，也許一天就能到達。可讓人來走，不知過了多少個「明天」，還是遙遠又遙遠。

感悟點滴

不要總把鮮花和掌聲送給大人物，而要多給身邊的人一點溫情。俗話說「見面三分情」，假如你常和人見面，那將積蓄多少情啊！錢未必都能通神，但情一定能感人，而且這種「情」，會使你成為鮮花叢中笑得最燦爛的人。

別把春風關在門外

交友並沒有什麼秘訣，
關鍵是要主動。
今天同每個人打聲招呼，
明天可能交個新朋友。
如果需要朋友，
就先成為別人的朋友，
如果別人站得遠，
那你就走近；
如果別人冷漠，
那你就動之以熱情。

古人說「春風不度玉門關」，那是因爲地理環境的緣故。但是心理環境也會使春風停留在你的心門外，難以進入。

在當今社會，多認識一個人是有好處的，也許你沒錢沒勢，甚至連才也沒有，但只要是一個受人歡迎的人，那有錢的人會幫你出錢，有勢的人會爲你效力，有才的人會向你獻技，最終你也能獲得不小的成就。多一個朋友，多一條路。能與衆人結交，也是一個人的優秀才能。

把握契機，總比等待機會要好，我們應當對他人主動、熱情點，對他人的感覺要敏銳點，俗話說「見面三分情」，世界上有那個國家不注重人情呢？既然當今社會更是一個「人與人」的社會，爲什麼不在情感銀行裏爲自己的帳戶多積蓄一點情呢？一個人多敏銳一點，多熱情一點，多主動一點，也許一句簡單招呼，就好比「嗨，你好嗎？」可能使你沒有錯失同一班車船上的人，甚至八竿子打不著的人也會由此相識。

大學畢業後，我到一家國營企業工作。我住在宿舍，可我發現下班後，人們一進屋就把門緊緊關上，我也一直沒有機會與他們結識。

對此，我很是感慨，有些人連自己的鄰居都不認識，卻對世界上到底有沒有外星人關心得要命。我不知道鄰居是不是這樣的人，但我們眞的是不認識。

終於有一天，我主動敲開了一扇緊閉的門，對方很吃驚：「有事嗎？」

「沒什麼，就想跟你們認識一下。」於是，我們進行了輕鬆愉快的談話。後來，透過主動敲門，我又認識了幾戶人家。

就在大家都彼此熟悉之後，也不再關著門了。當然，要是關著門，那表明這家人外出去了。大家都開著門，來往也方便許多。記得有一次閒聊時，我問：「你們以前爲什麼總是關著門？」對方笑道：「你不也一樣老關著門嗎？我們也想找你，可是……」

原來是這麼回事！

人與人來往，別人也是你的一面鏡子，他們的行爲也反射了我們自己。許多時候，是你自己關著門，別人也只好關起門。像劉墉先生所說的，鄰居家的小孩在你家門前玩耍，也就是小孩的家人想和你來往啊！他們都已經向你開了門，小孩就是對你送出的一個友好訊息。

可你呢？你給予別人好意了嗎？你打開自己的門了嗎？是不是你總把別人擋在門外？打開門並不難，一個微笑，一聲招呼就足夠。輕輕地就能傳遞友好的訊息，表現你渴求來往的願望。

敲開一扇門需要的是勇氣，給別人開一扇門，突顯的是你的坦誠。

不要猶豫，不要徘徊。快打開門，讓春風吹進來，你才會感到春天的溫馨，這裏的世界和外面的世界連接在一起以後，我們的世界會變得更大，更精采！

感悟點滴

使自己強大的方式，一是增加知識與能力，二是增加朋友。金錢，不是永遠的財富，朋友卻是永遠的財富。結識有才華的人是很重要的，「近朱者赤，近墨者黑」，朋友是你生命的尺度，你交友的圈子就是你人生的世界。比爾·蓋茨說：「你的同事就是你最好的朋友。」

可是就有人漠視這個世界的存在，這種人應當懂得「人」字本身就是一種相互支持，絕對獨立於世的人是不存在的，著名的魯濱遜還有個「星期五」為伴呢！

你感激每一根救命的稻草嗎？

知福的人才會感恩，
感恩見美，詛咒生醜，
用感恩來款待你的朋友，
用寬容來對待你的對手。
正因為朋友熱心的幫助，
你才度過了艱難的時刻；
正因蔑視你的冷眼，
才喚醒了你的自尊！
正因有風雨的洗禮，
才懂得陽光和彩虹的美麗。

施仁有兩個朋友，一個是葉歸根，一個是華謝春。一天，謝春得了一場重病，需要一大筆治療費，可自己拼命付房貸，手裏哪有這麼多錢，惟一的辦法就是把房子租出去。施仁心腸好，幫她打電話找仲介，可由於種種原因，房子一下子租不出去。

就在這時，朋友歸根聽說了這件事，前來相助，談好月租三萬元，也算是解了謝春的燃眉之急。謝春感動得不知說什麼才好。看到朋友眼裏感恩的光芒，施仁也很高興。可不久，這光芒就被烏雲籠罩。

事情很簡單，謝春聽人說自己的房子被轉租給二十幾人，心想，這房子哪受得了這麼多人的折騰！因此她有點不高興，好在歸根大方，答應再給五千元，她勉強同意。幾個月後，謝春病好了，打算收房。可一進房間，她見牆上釘滿了釘子，櫥櫃的手把掉了，浴室的門也弄壞了，陽臺放著一大堆垃圾。

謝春非常生氣，要求歸根賠償損失。施仁勸道，畢竟人家在她最困難時幫過忙。可謝春說：「他哪是幫助，分明是趁人之危，來回倒賺了不知多少，最後倒楣的是房子，到底是誰該謝誰？」

施仁也一時被問住了，回家後想了一夜。感恩真不簡單呀，不知道感恩，天天忙得暈頭轉向，到頭來，還不知誰欠了誰。

生活在當今商業社會，人們早已習慣把付出與所得算個清清楚楚、明明白白。其實重

視收入與成本並非壞事，但過於注重得失，就無法做到感恩，因爲感恩的一個重要原則就是不計得失，而算計太多，就難於體驗感恩帶來的快樂。

施仁的朋友總在心裏把所得的幫助與所遭受的損失相比，哪個更大。實際上，房子壞了，可以修；錢沒了，可再賺；朋友丟了，難找回。中國古話說：「滴水之恩，當湧泉以相報。」我們每個人應多想一想，在自己最困難時，是誰幫了自己？這種幫助能用金錢衡量嗎？當初落難時，覺得每一根稻草都能救自己，可一旦上了岸，反挑剔起來，還要責怪那根稻草爲什麼不是個救生圈？

生活中，凡願幫助別人的，並不是他們不願提供你一個救生圈，假如能找到救生圈，他何必要給稻草呢？稻草是卑微了一點，但終救了你的命，從這一角度而言，它與救生圈又有多大區別呢？懂得感激每一根稻草，你才會眞正快樂起來，否則你只會認爲生活中最大的一個倒楣蛋是自己。反過來，當你幫了別人時，也不要指望別人對你感恩，否則，你就是在自尋煩惱。

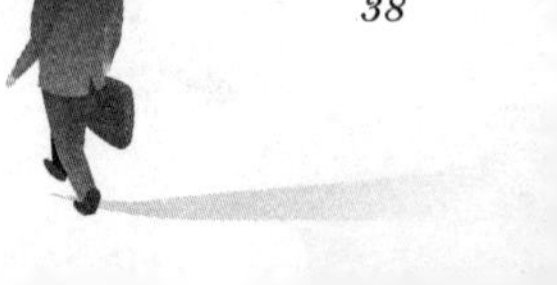

抱怨生活的人實在太多。學會感恩而非抱怨指責，是成功的起點。松下幸之助每天都做一項重要的工作：給員工倒茶。他感激員工，尊重他們的勞動，於是擁有無數敬業樂業、拼搏進取的員工。記住這樣一段話：「感謝上帝賦予我智慧，去接受我不能改變的事實；感謝上帝賦予我勇氣，去改變我所能改變的一切；感謝上帝讓我學會辨別兩者之間的區別。」

左腦熱愛自己，右腦關照他人

責備是把雙刃劍，
既會刺傷別人又會危及自己。
不要懷著仇恨的心態來做人，
不要用尖酸刻薄的話語去對待身邊的人。
應當設身處地想一下，每個人都有他的難處。
有時別人傷害了你，也許是有口無心；
有時別人傷害了你，可能是出於無奈。
生命的寬度比長度更有價值，
處世讓一步為高，待人寬一分是福。
過多的批評指責會煩惱不斷，
不如踏踏實實多做點事，
不如以包容心對待一切。

人類的生理結構奇巧地決定了我們的一個道德問題——我愛自己，也需要他人愛。換句話說，你應當懂得用左腦熱愛自己，用右腦去關照他人。

第二次世界大戰後期，盟軍即將發動一波強大的攻勢，盟軍統帥艾森豪一天傍晚在萊茵河畔散步時，見一個神情沮喪的年輕士兵迎面走來。艾森豪熱情地打招呼說：「你好嗎，我親愛的孩子？」

那士兵答道：「我煩得簡直要死！」上級長官友好地向下屬打招呼，可這個士兵竟然做出如此回答，換做我們肯定會破口大罵：「你煩什麼煩，簡直是個貪生怕死的傢伙。」

然而艾森豪是這樣說的：「嗨，你跟我眞是難兄難弟，因爲我也心煩得很，這樣吧，我們一起散步，這對你我會有好處。」

身爲一名統帥，艾森豪竟沒有打任何官腔，是如此的平等、如此的親切而富有人情味，結果讓那個士兵深受感動。

但是，口既能吐蓮花，也能吐蒺藜。語言可以是比蜜還甜的東西，也可以是比毒藥還厲害的東西。一句傷人的話語，會影響人一輩子的關係。

曾讀過這麼一個寓言。

在茂密的山林裏，一位樵夫救了一隻小熊，老熊對樵夫感激不盡。

有一天樵夫迷路了，遇見母熊，母熊安排他住宿，還以豐盛的晚宴款待了他。

翌日早晨，樵夫對母熊說：「妳招待得很周到，但我惟一不喜歡的就是妳身上的那股臭味。」

母熊心裏怏怏不樂，說：「你用斧頭砍我的頭，算我向你賠罪吧！」

樵夫按要求做了。若干年後，樵夫遇到了母熊，他問：「妳頭上的傷口好了嗎？」

母熊說：「噢，那次痛了一陣子，傷口癒合後我就忘了。不過那次你說過的話，我一輩子也忘不了。」

一句撫慰人心的話，能夠照亮一個人的心靈，甚至會影響你一輩子的生活態度。因爲一句話語，總有一些身影讓我們感動，總有一些面孔將我們暗淡的心重新點亮。多說一點關愛自己和他人的話吧，我們的生活會更美好。

感悟點滴

寬容的確是一種美德，溫暖的寬容令人感動和難忘。

寬容還是一種智慧。有句老話說「有容乃大」，確實，大海之所以是大海，正因為它極謙遜地接納了所有的江河，才有了天下最壯觀的遼闊與豪邁！

像海一樣寬容別人吧！這是一種胸懷、境界以及力量，是對自己的尊重，並非是懲罰自己。

是什麼讓你氣憤不已？其實，不是那個人、那件事，而是我們自己的這一顆心。

慷慨大方的一枚硬幣

懂得付出就有付出的得，
貪圖索取就有索取的失，
付出越多收穫越多，
索取越多收穫越小。
人生就是由此種慣性趨勢主導，
你活在哪種狀態中，
這種狀態就會越演越烈。
正如《聖經》所說的：
「讓擁有的更多，
讓沒有的更少。」

羅伯特是個攝影迷。一次，他搭乘長途汽車到美國各城市間尋找創作素材。有一天，羅伯特來到了三藩市，遇見克里·邁凱林。

克里是一個六十多歲的老人，但看起來像已經超過了九十歲，滿頭的披肩長髮灰白零亂，其間夾雜著昨天晚上在窩棚裏睡覺時沾帶的雜草，身上的衣服髒兮兮的，渾身散發著酒氣和尿騷味，不用問就知道他是一個乞丐。羅伯特第一次遇見他時，他正站在三藩市市中心的人行道上向路人乞討。他面帶微笑，伸著雙手。其實，他每天都這麼站著，來往的行人有的根本就沒意識到他的存在，有的乾脆避開他。

儘管如此，克里的微笑卻是眞誠的。那天，羅伯特在一旁觀察了他很久，覺得他是一個很好的拍攝對象，於是同他談了起來，並答應每天付給他一些小錢，請求以他爲對象拍攝一組照片。克里很爽快地同意了。

接下來的幾天裏，羅伯特都躲在暗處，拍攝克里的生活。他依舊跟過去一樣，每天站在熙熙攘攘的市中心街口伸出雙手，微笑著向人們討錢。

就在第二天傍晚時分，迎面走來一位小姑娘，大約七、八歲的樣子，穿著乾淨而合宜的衣服，頭上梳著小辮子。她走近克里，從後面輕輕拉了一下他的衣角。克里轉過身之間，小姑娘用手將一個東西放到克里的手心裏。那一剎那，克里的臉上比往常增添了許多光彩，那笑臉比羅伯特見過的不知要好多少倍。與此同時，克里馬上也伸手從口袋中不知

掏出什麼東西放進小姑娘的手心裏。小女孩綻開笑顏，一蹦一跳地向不遠處一直望著他的父親跑過去。

羅伯特抑制不住，很想立刻就從隱蔽處跳出來，問一問他倆到底在交換什麼神奇的東西，但想到拍照的客觀性，還是壓制住滿腹疑團。就在這一天的工作結束後，羅伯特向克里提起困擾了他一整天的問題。

「這很簡單，事實上就是一枚硬幣。那個小姑娘走過來，給了我一枚硬幣；我又反過來，送給她兩枚硬幣。」克里看了羅伯特一眼，又繼續解釋說，「因爲我想教會她，假如你慷慨大方，那你所收穫的就會比你付出的多。」

感悟點滴

匈牙利著名詩人裴多菲在《人生的斜坡上》說：「生命的多少用時間計算，生命的價值用貢獻計算。」貪欲過熾，朝生暮亡。人的欲望與現實之間的鴻溝永遠無法逾越，因為人的貪欲永無止境，永遠無法滿足，這正是人性的缺憾！有人說：「中國的窮人是真正的窮人，但是富人卻不怎麼像富人。在中國富人身上，我們很少能看到金錢的魅力，那種健康的、讓人著迷的社會推動力。」

向冤家與對手致謝

成功不是打敗敵人，
而是戰勝自己；
成功不是把對手當攻擊的目標，
而是當做警醒的對象，
因為最瞭解你的人往往是敵人。
與你摔角的人會給你帶來傷痛，
但也會使你的筋骨更加強健，
當你像你最大的敵人一樣認識自己，
你將更加強大，
那些給你機會成長的敵人與仇人，
能激發你的潛能。
暗下決心君子報仇十年不晚，
對手就能幫你成長，

用成就「復仇」是最有效的。

從歌德「友好」對待冤家談起

當你在狹路上遇到冤家對頭，你會怎麼辦呢？

德國大文豪歌德一次冤家路窄，那人十分傲慢無禮，大聲叫道：「我從來不給傻瓜讓路！」

「我卻恰恰相反。」歌德說完，微笑著站在路邊。

我的觀點也像歌德，要友好地對待「冤家」。在工作中，有時還要懂得選擇一個「冤家」來做搭檔，這才是智者之舉，其目的是爲了讓你更深刻、眞切並及時地發現自己的不足，從而使自己更加趨向完美，達成理想。

請「冤家」做搭檔的巴頓

波斯灣戰爭以後，美國提出了一個全新的軍事概念，即，在戰爭時，士兵的「生存能力」比「作戰能力」更重要。由此，一種叫做「艾布拉姆」的M1A2型坦克開始用於美國

陸軍。這種坦克的最大優點就是它的防護裝甲是目前世界上最堅固的，能承受單位破壞力超過十三．五噸的打擊力量。美國武器專家形容這種力量「可以輕易地將一隻球棒送上月球」，這也足見其威力之大。也許你會問，如此品質優異的防護裝甲是怎樣研製出來的？

講起來這還是一件趣事。當時接受這一研發任務的喬治．巴頓中校，是美國最出色的坦克防護裝甲專家之一。與眾不同的是，他接受任務後，竟請了一位「冤家」來做搭檔。這位搭檔可是畢業於麻省理工學院的著名破壞力專家邁克．馬茨工程師。巴頓是負責研發的角色，馬茨則搞破壞——專門負責摧毀巴頓研發出來的防護裝甲。一開始，馬茨總是輕而易舉地把新裝甲炸成爛泥，巴頓使出渾身解數，但一直「很受傷」。也正因此，一個「生命力強大」——世界上最堅固的坦克，在這種瘋狂的破壞與反破壞的轟炸中孕育而生。這兩個技術專業的「冤家對手」，連袂表演成功，並同時獲得了紫心勳章。

事後，巴頓說出自己成功的體會：「其實問題並不可怕，可怕的是不知道問題出在哪裡，因此我們決定請馬茨做『冤家』，盡力爲我們找到問題的根源，以便更好地解決問題，這一點，他是最棒的，幫了我們的大忙，也眞的得感謝這個『冤家』。」

靠冤家而生存的動物

不僅人懂得利用「冤家」，神奇的動物界，不少動物甚至得靠冤家才能生存。

一九九六年世界愛鳥日那天，芬蘭維多利亞國家公園應公衆的要求，放了一隻在籠子裏關了四年的禿鷹。沒過幾天，有人在離公園不遠的一片叢林中發現了禿鷹的死屍，動物學家解剖發現，原來牠死於饑餓。

禿鷹是一種非常兇猛的鳥，敢於同美洲豹搶食。但舒適的籠居生活，遠離了天敵，使牠喪失了生存能力。

以前，草原上生長著許多可愛的梅花鹿。一天，人們發現兇殘的狼，毫不留情的捕食鹿。眼看著一隻隻鹿被活活吞食，大家都恨透了狼，於是千方百計的捕殺惡狼。沒過多久，草原上的狼全都被消滅了。這下，鹿可以無憂無慮地生活了。

處在「和平時期」的梅花鹿，自從沒了狼，不必像以前那樣，爲避免被吃掉而整天奔跑。現在，梅花鹿由於缺乏運動，免疫力和體質越來越差，紛紛患了各種疾病死去。不久，一種傳染病更讓大批大批的梅花鹿蒙受滅頂之災，最終倖存無幾。

這件事引起了一位動物學家的關注，他對生活在非洲大草原奧蘭治河兩岸的羚羊群進行研究，發現東岸羚羊群的繁殖能力比西岸的強，奔跑速度也不一樣，每一分鐘要比西岸

的快十三米。

對這些差別，動物學家起初不知其所以然，因爲那些羚羊的生存環境和屬類是一樣的。不久，他在動物保護協會的協助下，在東西兩岸各捉了十隻羚羊，把牠們分別送到對岸，讓其自由生活。結果，運到東岸的十隻僅剩下三隻，那七隻全被狼活活吃掉了。

動物學家如夢初醒，東岸的羚羊之所以強健，是因爲在牠們附近有狼群，這使羚羊天天生活在一個「競爭氛圍」中，爲了生存，牠們變得越來越有戰鬥力。而西岸的羚羊之所以弱小，正是因爲缺少看似天敵，實是「衛士」的狼群。

我們的生活中，有著各種各樣的籠子，我們有時的處境就像那隻禿鷹，人們不喜歡逆境，排斥困難，只愛美酒和鮮花，幻想「籠子」中、「圍城」裏的舒適生活。可想而知，最後的結局與那隻禿鷹沒什麼不同。

生活中出現幾個冤家對手，遭遇一些磨難，面對一些壓力，並非壞事。正如巴頓因「冤家」而成功，非洲羚羊因狼衛士而強大。俗話說，「蚌病生珠」，也就是說，一粒沙子落入蚌體，蚌便分泌出一種物質來療傷，天長日久，沙粒竟成了一顆晶瑩美麗的珍珠。

醫學研究證明，一年中不患一次感冒的人，得癌症的概率是普通人的六倍。現代企業時興的壓力管理，還有古人說的「置之死地而後生」，乃是智慧之言。

感悟點滴

美國著名心理學家威廉·詹姆斯是這樣劃分「聰明的人」和「愚蠢的人」：聰明的人用對手的智慧來填補自己的大腦；愚蠢的人用對手的智慧干擾自己的情緒。

為別人喝彩

為別人喝彩，
未必表示你就是弱者；
為別人喝彩，
其實是一種美德；
為別人喝彩，
其實是一種智慧。
當你在賞識別人時，
也會不斷提升和完善自我；
當你讚美別人時，
還會收穫友誼與合作；
當你欣賞別人時，
也是一個人格修養的過程。

露露的功課
露露不會游泳、不會飛，她的鴨子也是。
露露帶著小鴨子，
天天到池塘邊看別人怎麼游泳、怎麼飛，＿＿＿＿。

——選自幾米《聽幾米唱歌》

這是一道漫畫作文題。畫面內容很簡單，一個小女孩牽著一隻鴨子走在池塘邊。空格部分爲一句省略的話，要求學生補充完整，並以此爲題，寫一篇作文，文體不限。

我一看，覺得這小段文字很有意思。但我沒看過這本書，不知道省略的部分到底是什麼。於是，我想可能是：「不久，露露學會了游泳，小鴨子學會了飛，她和牠高興極了。」也就是說，學生可以寫一篇關於「想」和「做」的文章了。再想，我又認爲應當是：「不久，露露學會了游泳、學會了飛，她的鴨子也是，她和牠高興極了。」這樣會更有意思。但我還是不確定這是不是作者的原文。

第二天，我去逛書店，想看看幾米到底是怎樣寫的。原來後面省略的話語是：「日子

也一樣很快樂。」

看著這句話，我突然很感動，不苛求一定要擁有，要的是一顆欣賞、而不是嫉妒別人的心。其實，這何止是露露的功課，這應該是我們每個人都應該做的功課。

由此，我想起了一個朋友的經歷。他曾應邀參加一所小學的田徑運動會。比賽結束後，有個班獲得了「精神獎」。他覺得有點不可思議，因爲在整個比賽過程中，並沒有發現那個班的道德風尚有比其他班強的地方。

評審之一說明：「這是一個容易被人忽略的細節，也就是當大家都爲自己班的運動員喝彩時，獨有那個班的同學，在爲自己喝彩的同時，也不忘爲別人喝彩。」

賞識他人，爲別人喝彩，這是值得讚賞和推崇的精神，我又想起這樣一件讓人感動的事——有一支外國隊伍曾爲中國申奧成功而喝彩。

二〇〇一年八月二十二日，於北京舉行的世界大學生運動會開幕儀式上，當法國體育代表團走到主席臺前時，運動員高高舉起一條橫幅，上面用中文寫著這樣一行字：「法國代表團祝賀北京二〇〇八年奧運會申辦成功！」

要知道，巴黎申辦二〇〇八年奧運會敗給了北京，但法國人能如此大度地爲對手喝

彩，這在世界體育史上也是罕見的，他們因而贏得了全場觀衆最熱烈的掌聲。

爲自己喝彩容易，爲別人喝彩難。生活中，不少人孤芳自賞，不會欣賞別人；也有的人對別人取得成績充滿嫉妒，甚至還尋機報復，「我好不了，也不能讓你好」。這種做法於己又會有多大好處呢？我們不要同歸於盡，而要共同美好。像露露，我們更加覺得她的可愛；那所小學的那個班級和法國隊在「大運會」開幕式上的高尚之舉，都會永遠美好地留在我們心中。

感悟點滴

煩惱與快樂的差別，只在於你對生活的態度。你是用一顆開朗的心去迎接生活，還是無奈的屈服於生活？你是用一顆寬大的心去看待生活，還是用一副狹隘的胸去對待生活？當人生不美好時，至少你還能擁有美好的人生觀，拋去狹隘、自私、嫉妒等灰色心理，懂得欣賞自己的同時，也欣賞別人，你的生活自然快樂而美麗。

勿忘他人的感受

給自己和他人快樂有處方，
遇到挫折時把自己當別人，
便能置身事外減輕不快；
取得成績時把自己當別人，
方可站在別人的角度看自己而讓頭腦清醒；
與人來往時把別人當自己，
設身處地才能懂得他人的需要並給予滿足；
平時把別人當別人，
尊重別人的自由和權利；
身而為人的獨立性又得把自己當自己，
承擔個人的責任和義務。

很多人出門上班免不了要乘公車，尤其是在上下班區間，車廂內格外擁擠，有時會看

到一些脾氣不好、缺乏修養的人，與別人發生口角。

我就有過這麼一次經歷。

那是一個下雨天，公車上靠窗邊的座位上坐著一位中年男子。一個年輕人匆忙上車，站在中年男子旁邊，車內很擠，空氣不暢，年輕人實在太悶了，便要求窗邊的中年男子打開窗戶透透氣。

外面的雨不算大，但窗一打開，雨落了進來，中年男子馬上把車窗關了起來，年輕人很不高興，中年男子也生氣了：「你沒見雨淋到我了嗎？」

過了幾站，中年男子下車走了，年輕人坐在這個位子上。這時，一位剛擠上車的四十多歲女人站在他身邊，提高嗓門對年輕人喊道：「悶死了，把車窗打開吧！」

可一開窗，雨便飛了進來，打在年輕人臉上，年輕人迅速把窗子關了起來。那女人怒氣沖沖地責問：「難受死了，你幹嘛又把窗子關上？」

年輕人望了她一眼，正要開罵：「妳沒見雨淋到我了嗎？」突然想起，這不是剛才那個中年男子罵他的話嗎？

當我們打算責備別人時，一定要想一下別人的心裏感受，也要避免傷害了其他人。

媒體報導，在西西里島的巴魯渡假村就發生過這樣的事。

一天，有位滿是歉意的工作人員，在安慰一個四歲的小孩，可備受驚嚇的小孩依舊放聲大哭。原來，這位工作人員照顧不過來那天過多的孩子，一時大意，在兒童羽毛球課之後，少算了一個，把這孩子留在球場上。等她發現少了一個孩子時，便立即跑到球場去找小孩，好在孩子原地不動，可因害怕而哭得可憐。此時，小孩的母親也趕來，當場見孩子哭得這麼慘。

可令人意外的是，孩子的母親並沒有責怪那位工作人員，也沒有生氣地帶著孩子離開，更沒說以後再也不參加「兒童俱樂部」了，而是蹲下安慰小孩，並且說：「現在沒事了，那位阿姨找不到你也非常緊張，非常難過，她不是有意的，現在你應當過去親親那位阿姨的臉，安慰她一下才對！」

這位四歲的孩子，很聽話地走了過來，踮起腳尖，親了蹲在他身旁的阿姨的臉，並且

說道：「不用害怕，現在已經沒事了。」

當我們感到害怕、痛苦、生氣，想要責怪別人時，倘若能設身處地、將心比心地想一下，別人心裏是怎樣的感受，我們怎麼能輕易罵出口呢？最好的做法，就是多想一下別人，像那個孩子的母親一樣，不僅不怪對方，反而給予安慰。如此，我們身邊必定多一份友好與和諧。

感悟點滴

當今時代，一個人的成功，就是人際關係的成功。有人認為：「社會是一張網，個人是網上的點，無論你做什麼事，都以某種直接或間接的方式與別人發生著聯繫。」儘管你ＩＱ很高，但你輕視了ＥＱ，你的人際關係必定很差，讓你陷入沒有人緣的痛苦之中。無論誰都應當善待別人，我們應少責備別人的過失，多以仁愛之心去包容別人的失誤。恕是良藥，恨是毒藥；恕是春風，讓人感動；恨是狂風，讓人心痛。

記住，有人並不喜歡你

主觀意志是這樣，
客觀事實往往是另外一回事。
凡事老覺得別人不對，
自己總是對的，
人生路上肯定會栽跟頭。
一個人不能自命不凡，鄙視他人，
頑固偏激，
忽視豐富多彩的現實生活，
那你永遠只會活在人生的死角裏。
人生的許多問題往往錯在自以為是，
所以我們更應當反省自我、重塑心靈。

有人說，人是一種非常主觀的動物。這話是有一定道理的。

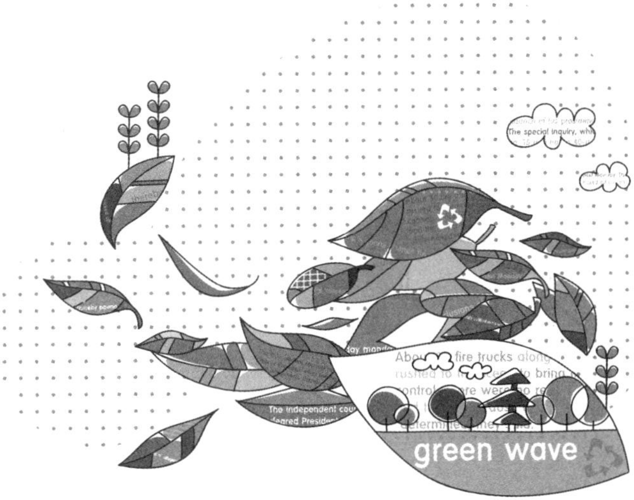

一位走紅的歌手應中學老同學們邀請，回老家參加聚會，晚上八點於某酒店吃飯。歌手帶來許多張新專輯，而且很認眞地在封面上簽了自己的名字，準備給向她索要新專輯的同學們。

這位歌手出了家門，坐計程車去飯店。司機是一個四十歲左右的男人，問清了去哪裡之後，就一言不發了，這讓歌手感到有點失落，在老家竟然連計程車司機也不認識他！到了酒店，車費是二百元。歌手沒有零錢，就拿出一張五百元，可恰巧司機手裏也沒有足夠的零錢。歌手今天心情高興，就說不用找了，而且他想司機賺錢不容易，再說這地方還是自己的家鄉。

可是司機堅決不同意：「這絕對不行，我帶你走一段，找個超市把錢找開。」

歌星一看時間快到了，就拿出兩張自己簽名的專輯。「這樣吧，我用這兩張我的專輯抵車費吧！」隨後又問一句：「你不認識我吧！」

司機很平靜地答道：「認識，妳是唱歌的。這次是回來看望妳爸媽的吧！」說完，他指一指專輯：「實在對不起，我不喜歡流行歌曲，只愛聽老戲，要不，車費就算了吧！」

正在這時，一位同學也剛好到酒店，替他付了車費。

然而，歌手的內心頗不寧靜：妳是唱歌的吧，我不喜歡聽流行歌曲——這些話讓歌手十分震撼。

其實，歌手的口碑一直不錯，沒有緋聞，照章納稅，積極參加各種公益演出。

一直以來，她經常說：「我時常記起那位計程車司機，是他教會了我，不要自以爲是，生活中，並非人人都喜歡你。宇宙何其大，在衆星之中，自己是甚爲渺小的。」

假如我們都能知道這一點，向這位歌星學習就好了，可偏偏自以爲是的人還眞不少。

感悟點滴

一個人應當明智，怎樣才算明智？就是「真正瞭解別人」和「真正瞭解自己」。評價自己，猶如用秤稱——稱輕就自卑，稱重就自大，稱準就自知。許多人容易犯的毛病，就是把自己稱重了。

當小人物成為大人物，我們不必吹捧，不必追逐；當大人物成為歷史，我們也不必傷感，不必長歎。

烏龜為什麼戀上陽臺

詩人汪國真在《死去的生》中寫道：

再精緻的鳥籠，
也是鳥籠，
籠中鳥的生活，
簡直是一種死去的生，
傷肝傷肺怎比得了傷心，
肌痛膚痛怎比得了心痛，
那樣一種悠閒，
彷彿是流亡的總統，
看似輕鬆實是沉重，
沒完沒了的辛酸，
常常是襲上心頭的內容。

老實說，廣慧向來是不喜歡烏龜的，看牠又醜又笨又膽小，但礙於情面，加之她心慈，就收下了朋友送給她的一隻烏龜。當時，朋友還對她說，像《伊索寓言》中與兔子賽跑的那隻小烏龜一樣，牠也是一隻可愛的烏龜，性格穩重、毅力頑強、生活儉樸。

回到家裏，廣慧把小烏龜放在地板上。也許是陌生，抑或是剛被放出來還不適應，膽怯的牠縮著頭，趴在地上一動不動。廣慧安慰牠說：「小傢伙，別害怕，以後這就是你的家了。」

牠還是沒反應，過了很久，才小心翼翼地伸出小腦袋，向四周望一望，撐起身子，挪動四肢，一步一步地爬到牆角，就不再動了。看著牠，廣慧突然有了一份憐愛之心，因爲從此以後，他們將朝夕相處。

遵從朋友的囑咐，廣慧每隔兩天就用溫水給牠清洗一下，好讓牠排泄。小烏龜食量小，通常一片菜葉就能吃好幾天，而且不大愛動，經常待在角落裏，讓人感覺不到牠的存在。

但一有時間，廣慧就逗牠玩，跟牠說話。就這樣，小烏龜跟她熟了起來，膽子也變大了，有時甚至從角落裏爬出，像個小巡邏員，四下張望一會兒，又慢慢爬向另一個角落。

這樣過了好長一段時間，有朋友邀廣慧出去旅遊。她不知該如何安置小烏龜，托朋友照料，心裏不放心，帶著牠一同出去，又不方便，最後還是就讓牠「看家」。臨走時，廣慧在盒子裏放了幾片菜葉，又加了一點水，保持菜葉的鮮嫩，然後隨手帶上門，可門沒關緊，門縫之間有一道空隙。廣慧並沒在意，更沒想到這竟然與小烏龜的命運連在一起。

旅遊結束歸來，廣慧顧不得勞累就去看小烏龜，可連個龜影子也沒有，急得她把廚房、客廳、房間和陽臺都找遍了，仍沒發現。折騰了三十多分鐘，又加上旅途的勞累，她竟然倒在沙發上睡著了。一覺醒來，竟發現地上有一團髒兮兮的東西，仔細一瞧，竟是小烏龜，眞是讓人又氣又喜，抓起牠就責怪說：「沒想到人不在，你就變得淘氣起來，不好好待著，到處亂跑。」說著，她回到浴室，用溫水沖掉了牠身上的灰塵，又給牠拿來幾片菜葉，這小傢伙也餓極了，便咯吱咯吱地大吃起來。

後來的幾天，這小傢伙的生活方式變了很多，再也不像先前，老趴在一個角落，牠竟一會兒到廚房，一會兒到客廳，一會兒又到陽臺。廣慧的陽臺，緊挨著一個水池，水池旁邊有很多花木。每天清晨，廣慧第一個要去的地方就是陽臺，呼吸一下水池花木送來的新鮮空氣。陽臺是她很愛去的地方，而現在小烏龜也是。廣慧有點擔心，生怕不小心踩著

牠，只好把牠抱回房間，可過了一陣子，牠又像個迷路的孩子，來到陽臺。後來，她乾脆把牠關了起來。可這小傢伙，伸長了脖子，用小眼睛看著牠的主人，眼裏充滿著祈求，廣慧有點心軟，又開了門，把自由還給牠。

十一月中旬以後，氣溫突然大幅下降。一天早上，廣慧有事出去，回來時，見陽臺上的門沒關好，心想，糟了。匆匆上樓，迅速跑向陽臺，發現小烏龜竟然凍得像塊石頭，縮在陽臺的角落。她把牠抱回房間放在暖氣下面。雖然小烏龜醒來了，可沒過幾天，牠竟死了。

廣慧抱起僵硬的小烏龜，注視著牠那緊閉的雙眼和已經停止呼吸的鼻孔，一點都不相信牠已經死了。小烏龜表情平靜，看不出絲毫的痛苦，她卻感到深深的悔恨。按理說，烏龜的生命比人還長，可牠卻早早地死了。

後來，廣慧把這件事告訴了那個朋友。朋友想了一下，意味深長地說：「妳知道牠爲什麼愛去陽臺嗎？陽臺，是離大自然最近的地方啊！」一剎那，廣慧流淚了。

小烏龜是一隻海龜，生活在大海裏，擁有生命中最寶貴的財富——自由。牠被人養起來玩時，依然嚮往自然，渴望自由，最終為此付出了生命。但小烏龜哪知道，正是最靠近自然的陽臺，把牠帶到了另一個世界。牠追求自由，為自由拼搏、戰鬥，雖然牠失敗了，但其戰鬥精神深深印在廣慧的腦海中。

高薪是靠「剪刀」贏來的

成功既取決於有多少人肯幫你，
也取決於有沒有人想害你。
但你不能把快樂建築在別人的痛苦上，
而要把生存建立在別人的需求上。
給別人一個臺階下，
會使自己立得更高；
給雙方留有餘地，
會使自己更容易轉身。
公司需要你，是你的福音。
顧客需要你，是你的造化。
同事需要你，是你的善緣。

大學畢業後，新月和雨陽分別去了台北和高雄發展，沒過幾年，新月可是混得出人頭

地，有一份相當不菲的收入；雨陽雖不及他，但養活自己沒問題。

他們兩個在大學關係一般，只是雨陽知道新月這個人辦事很粗心。畢業後兩人還有聯繫，可一年後，雙方就聯繫得少了。這樣又過了兩年，雨陽打算去台北出差，順便拜訪一下老同學，新月一聽老同學能來，好啊，這是很難得的。

眞是士別三日，當刮目相看，現在的新月經歷工作的洗禮，可是大變樣了，誰都不會否認，他已成了一個嚴謹和周到的人。

正巧新月所在的公司將要舉行一場專案的剪綵儀式，雨陽也應邀前去觀禮。儀式很快就要開始了，六位大人物被請上了舞臺。突然，公司老總發現台下還有位大老，他硬是把這位大老請上舞臺，要他和他們一起參加剪綵。雨陽這時也替老同學捏了一把汗，要出洋相了。

沒想到新月突然從身上拿出一把剪刀給臨時上台的大老。七位大人物高高興興地剪了綵。

皆大歡喜的局面，使雨陽格外吃驚：「你怎知道老總會把那位大老請上去呢？」

「告訴你吧，他就是再多叫一個，我身上還帶著一把剪刀呢！」新月說。

「你爲什麼這麼做呢？」雨陽更加感到奇怪。

「在我們這裏工作，一旦出了問題，永遠都是下屬的責任。因此，我已經養成了一個凡事多認眞一點、多留個心眼的習慣。無論做什麼事，我總是多做兩到三個備份，所以現在才能穩坐這個位子！」

是啊，在一個公司裏，能積極想出有效的辦法爲人補強，這是一件多麼好的事呀，因爲別人的需求，就是自己最佳的生存之源。

感悟點滴

不怕一萬，就怕萬一。頭腦中有一根「風險」的弦是不會錯的。小心謹慎不等於寸步不前，工作中多一些準備、多一處留神、多一些付出會讓你快樂無比。千萬別小看這些「份外」事，《華萊士財富宣言》中說：「嘗試著超越自己，努力做一些『份外』的事情。不是為了看到老闆的笑臉，而是為了自身的不斷進步。」

活著就有幸福

許多人都高估了自己一年內能做的事，
卻又低估了自己十年內可以做的事。
你應從每天的點滴做起，
每天都完成小目標，
向大目標邁進一點點，
每次都創新一點點，
每次都力求比上次好一點點，
每個細節都認真一點點，
失敗了就立即改正，
哪怕只修正一點點。
也許一開始沒什麼差距，
但慢慢累積起來就會成天壤之別，
因為成功是每天進步一點點。

他們大學畢業那年，兩袖清風，雙眼茫茫，不知未來會怎樣。

轉眼十年過去了，大家在同學聚會上再度重逢。曾經的一個個青蘋果，如今都假模假樣地成熟了。同學們聚在一起盡情地談笑著，談最多的是十年裏他們做了些什麼，有談家庭的，有說自己怎麼跳槽改行的，有講自己繼續進修的，有說自己連升三級的，也有說自己原地踏步的……

大家七嘴八舌。可突然，聽到有人在角落裏小聲地哭泣。眾人都自責，說不該在她面前張揚。

其實，大學時代的她是一個漂亮的女生，曾違背父親的願望和一個男生交往，不幸的是她因患病，把工作丟了，當男友得知她甚至連生育都成問題，便無情地離開了她。

女人的風采也不如往昔了。她哭著說自己這十年什麼也沒做，現在只有一份很平凡的工作，而且還沒有結婚。

有一個女同學走過去抱住她的肩說：「其實，這十年妳做了一件很偉大的事——這十年，妳努力活下來了，妳還好好地活著！」

同學中，有的人眼睛濕潤了，大家突然意識到，全班二十六名同學來了二十五名，還

有一位沒來。

有人說，他已經來不了啦，七年前，他沒考上研究所，便上吊自盡了，沒有活下來和我們一起走完這十年。

十年，一個並不算漫長的時間，但是只要你好好地活著，這十年就能做很多事，即便是這個十年不行，還有下一個十年，足夠你奔向好日子。當然，有人在你之前就到達目的地了。可能別人是二百碼，你是一百碼；可能別人坐小轎車，你還沒有摩托車；可能你回頭一看，見一百萬元的已如過江之鯽，你頂多是個「羞澀」的萬元戶；可能你傾盡家產只能弄個兩房，別人早已住豪宅了；可能有人買私人飛機，發展領空了，你如今連一片土地都沒佔領，還在「窮人憂地」……

事實上，各人有各人的活法，每個人的人生軌道都不相同，以生命爲圓心的圓可以有無數個，關鍵是要眞實地、好好地活著，這已足夠，用不著盲目地去比較。平常人有平常人的活法，平常人有平常人的快樂，只要活得充實，生活就有滋味。過多的比較，反而苦惱不斷。認眞地活著，生命的每點每滴都是眞水，能穿石，能折射太陽的光輝，聚起來，就是一個幸福的海洋。

有人在第一年內到處學習，開拓了視野；在第二年懂得要「常回家看看」，增加了幸福感；第五年在一個陌生城市交了幾個「死黨」，擴大了交際；第八年學會了處事更理性，提高了EQ；第九年學會給對手一塊麵包，和不喜歡的人也能打交道，提升了人脈。每一個十年，每一個一年，只要沒有蹉跎就行。你只須在每一寸時光中跳躍、掙扎，這就是向歲月證明你存在的最好方式。

每月的每月，每天的每天，每小時的每小時，也許你會想不起自己做過的事，但始終會發現自己在慢慢長大，朋友在增加，工作愈發順利。

人生的意義其實很簡單，只要好好活著，不是白白地度過。縱使每一年都留下一些遺憾，留下很多教訓，但也留下了美好的希望，引領我們向下一個年頭走去。

同時，你還應當懂得這麼一個道理：所謂生活富裕，包含一個三角結構，三分之一關注物質，三分之一關注精神，三分之一關注自然，只有三者融合的生活才是最完整的。

感悟點滴

世間一切都不是一成不變的，人類曾經認為不可能的事，經過一段時間以後，往

往就成為理所當然的事。要學會化消極為積極。未來有無限的可能性。不要捨現實而求虛無，不要因一時而輕生。好死不如賴活著。螻蟻尚且偷生，何況是人？哪怕生活再艱難，哪怕生活再煩惱，哪怕希望再渺茫，也要堅持活著，活下去才會有希望。活下去就是硬道理。

為什麼老寄託無望的來生？為什麼老幻想渺茫的輪迴？為什麼老忽視實實在在的今生今世？正如一位哲人所講：「無論今生多麼悲慘，都比來世美好。死亡只是塵埃，一切已不復存在；活著就是至樂，並非一無所有。」

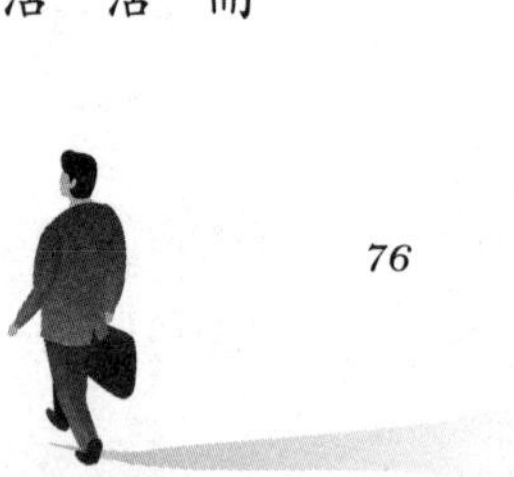

愛情需要幾朵玫瑰？

上帝給每人一杯水，
於是你從裏面飲入了生活。
生活確如一杯水，愛情也一樣。
杯的華麗並沒有多大意義，
水的可口才是真正的價值。
你有權加鹽、加糖、加茶葉……
因杯有限，你須適可而止，
因水有限，你須慢慢啜飲。
對愛而言，杯中的一滴水就是一片海，
愛情道理的詮釋不必用海，一滴水便夠。
簡單一點才能使身心不為物累，
外表的奢豪並不代表生活品質的提高、內心世界的豐富。

愛情的選擇題

一個小孩問媽媽：「妳年輕時，如果有三個人追求妳，第一個喜歡送花給妳，第二個喜歡寫詩讚美妳，第三個喜歡請妳吃飯，請問，妳會嫁給哪一個呢？」

小男孩的媽媽很乾脆地回答：「這三個人，我一個都不嫁。」

「假如這三個人是同一個人呢？」小男孩緊接著問。

「這倒願意考慮考慮。」

「假如妳和這個人已經結婚，並且生活了許多年。有一天，他感到又送花又寫詩又請吃飯，很累，想讓妳減掉一樣，那麼妳願意減掉哪樣呢？」

「就把那頓飯免了吧！」

「就這樣，又過了五年，男的覺得又送花又寫詩，未免有點囉嗦，還想減掉一樣，妳願意減哪樣呢？」

「那就把寫詩免掉吧！」這時，小男孩笑著說：「媽，妳願意嫁給第一個人。」

那位媽媽起初誰都不願意嫁，結果還是嫁給了那個送花的。倘若她兒子再問下去，那

麼她甚至會嫁給一個既不送花，又不寫詩，還不請人吃飯的人。同樣一個問題，只是提問的順序顛倒了，卻得出了兩種截然不同的答案，這是爲什麼呢？很簡單，是愛在起作用。兩個人在沒有愛或者感情剛剛開始還不牢固時，對外在的要求就比較多、比較高，然而一旦眞心相愛了，就什麼都不在乎了。換句話說，那些把愛弄得格外奢侈的人，一定是還沒有眞正相愛。

喜歡花瓣雨，還是牛肉麵

現實生活中，有些戀人提出了愛要九九九九朵玫瑰，甚至要一〇〇〇一朵的。郃正宵演唱的《九百九十九朵玫瑰》，從二〇世紀九〇年代初一直流行至今。還記得當年，大街小巷都在傳唱童安格的《花瓣雨》，童安格那副王子貴族氣派的聲音彷彿比魔力花環上那神鳥的聲音還有魅力：「花瓣雨，飄落在我身後……」這優雅而曠遠的聲音，使戀愛中的少男少女沉浸在花落如雨的仙境，紛紛向意中人「討要」玫瑰。

我有一個表姐和男友戀愛時，生活較拮据，但她是個渴求浪漫的人，看到戲臺上燭光圍繞著身穿燕尾服的男主角，英姿颯爽的單膝跪地，獻上一束玫瑰，將女主角的玉手執於唇邊，兩眼深情款款地說：「嫁給我，好嗎？」她差點暈了過去。她一直抱怨男友不解風

情，最多請她吃碗牛肉麵。路上見花店時眼一斜射，他立即說：「走路要看路，又不是三歲的小孩。」說著，手下「一不留情」，拽著表姐飛馳而去。

二月十四日情人節那天，有個頗識風雅的男同事主動出擊，呈上一大束生機勃勃、嬌豔欲滴的玫瑰在她辦公桌上，她捧起花就像蜜蜂和蝴蝶一樣，貪婪地嗅了起來，以爲是男友木頭腦袋開竅。

可突然掉出一張卡片，上面有一行不熟的字跡：「做我的女朋友吧，我是認眞的，愛妳！」表姐不禁目瞪口呆，眼前閃過一個陽光男孩的笑臉。就在這小小的虛榮和驚喜之後，她開始反思，男友縱使有這一「瑕疵」，但依然是塊可雕的白玉。

還好，她的同事很開明，知道她對男友是有感情的，便主動說：「妳收下，把這帶回去，刺激一下他吧！」

表姐照做了，可第二天，男友對此不言一語。第三天仍不動聲色。第四天，他終於氣呼呼地跑來，滿臉陰沉地看著表姐，然後漸漸面露笑容，雙手捧著一大束鮮花，放在表姐面前。她大叫一聲，興奮得像隻久別後見到主人的小狗。

「爲了這束花，三個月內吃不了牛肉麵啦！」表姐才不理那一套呢，她一個勁兒地陶

醉在鮮花之中，腦中出現「寧可食無肉，不可居無竹」的詩，剛想喊出口，可稍一權衡，還是振臂：「寧無花瓣雨，也要牛肉麵！」

表姐如今和男友早已結爲幸福的一對，也不像戀愛時那麼「淘氣」了。表姐夫對表姐很體貼，見他們如此恩愛，我眞有點羨慕他們。

一頓蕃薯裏的愛情

一回，在一鄉間車站廣場旁，見到一對三十來歲的夫妻，男的有點黑，頭髮有點髒亂，女的衣服也比較舊。我正好坐在店裡吃著套餐，見那疲憊的男人隔一會就瞧我一下，我抬頭看他，他就笑了。

突然，那男的朝對面走去，我吃完喝足，正打著飽嗝，那男的回來了，手裏拿著一個熱氣騰騰的蕃薯。他碰了一下那女人，就將蕃薯塞進她手裏，一把抱過女人懷裏的孩子。

女人看了一會兒，臉上露出一副滿足的樣子，便對男的說：「你吃吧，我吃飽了。」

「妳怎麼一點都沒吃。」

就這樣，他倆推來讓去，最後還是男人強行將大半塊的蕃薯按到女人手裏。

女人吃完，又抱過孩子，在春寒料峭中，他們緊緊地靠在一起，這就是溫暖呀！

眼看著這對夫婦，我心裏有一種說不出的酸楚。就這麼一塊蕃薯，將世界都包容了。在這裏，沒有一點浪漫，只是雙方眞眞切切地在想著對方，在貧寒的日子裏，冷暖相知，互相依靠。我不知道這個女人知不知道玫瑰爲何物，也不曉得那男人會不會給女人做個浪漫驚喜的動作，討她歡心，我身邊的許多女人都會撒嬌，送熱吻，而男人會買花，請女人上午咖啡下午紅茶……

可是眼前的這一切，並不像戲臺上那麼轟轟烈烈，又有多少人來歌頌這些沒有墓碑的愛情？春風中，它卻像一個被繁華遺棄的夢，沒有掌聲，沒有鮮花，我不由得思緒萬千：那塊蕃薯代表什麼呢？饑餓中的一點食物？那男人在自己饑餓時，把他惟一的一點食物給女人，又表明什麼了呢？當那女人握著蕃薯時，心裏又在想些什麼呢？這個男人和女人在這寒冷的天氣中能相互依靠，這是爲什麼呢？他們爲什麼能夠牽掛著對方？這對夫妻他們到底懂不懂浪漫？要懂的話，這浪漫又是什麼呢？這浪漫跟九九九朵玫瑰比起來，又如何呢？我們究竟應該追求、崇尚什麼樣的愛情？夫妻倆如何才能白頭偕老，走過幸福的一生？

蘇格拉底說，「沒有經過反思的人生是沒有意義的。」那麼，愛情呢？我們思考過

嗎？我們考慮得如何呢？

感悟點滴

瓦西列夫說：「人的文化修養愈高，精神世界愈豐富，他的愛情審美程度也愈高。」

某作家定義浪漫與浪費時說：「什麼叫浪漫？明知那個女孩兒不愛他，還送給她九百九十九朵玫瑰；什麼叫浪費？明知那個女孩愛他，還送給她九百九十九朵玫瑰。」

還有人說，家是痛苦時能帶給你快樂的地方，家是受傷時能為你療傷的地方。家，無需華麗，只需溫馨。家雖小，愛無限，用愛心鑄造的家，便是人世間的天堂。王子公主的愛情不夠真實，金錢名利的愛情不會持久，惟有心靈深處的關愛才是平凡人的愛情——一個眼神，一個微笑，一個吻，也許就足夠了。

別讓愛情被時髦困住

趕時髦，要看自己的內涵；
論時尚，要看自己的素養；
講排場，要看自己的教養。
愛趕時髦多是利大於弊，
人的錢財有限，欣賞水準不同，
時尚就是一陣風，常常會捉弄人，
揮霍只是曇花一現，過後就會無盡的失落。
一味地追求時尚是無知的表現，
一個人越是追求特別的生活，
就越容易丟掉原來幸福的生活。
一個人思想上應該前瞻而開放一些，
但行動上一定要有一把掌控的閘。

第一次邂逅「鑽石男人」

薇嚷著要爲莉介紹一個男友，莉羞澀地說：「妳又拿我開心。」看來，薇是當眞的，她把三天前買的一名牌包帶到晚會上炫耀。席間，她向站在兩公尺外的那男士招了招手：「雲，給你介紹一位絕代佳人。」

這是薇特意組織的一個聯誼活動，想爲自己的一些好朋友們牽線搭橋，讓他們告別單身，步入戀愛的幸福殿堂。薇還在前一天晚上就再三叮囑莉要好好打扮，這次可是要給她介紹一個鑽石男士。

「雲是我們公司最有潛力的業務部經理。」薇說著，用手朝莉一指，向雲介紹，「我朋友中最有才華的一個。」

莉一聽，臉上一陣熱辣辣，在桌下狠狠踢了薇一腳，可薇英雄本色，竟不呼痛，一副若無其事的樣子，雲這時便禮貌地向莉問話……

晚會結束時，雲和莉都互相交換了名片，他顯得有點緊張，結結巴巴地說：「明天有空嗎……一起吃頓晚餐……好嗎？」

莉覺得雲也不算差，便爽快地說：「好吧！」

話一出口，莉突然想起，薇說的，女孩子要學會矜持，就算心裏一百個樂意，也要推辭一番再答應，才顯得身份高貴。莉眞是「好木難以雕也」——薇常常這樣讚美她，還說是外表不夠，內涵來湊。

「鑽石男人」的包包論

眞是一回見面生，二回見面熟，今晚雲的口才好多了，而且每次講話都讓莉吃驚。比如，「哦，這種大包包是阿姨們用的，每天購物好裝東西。妳還是個女孩，花色活潑小巧一點的才比較適合。」

這一點也不像他昨日那怯怯的風格，莉又想起薇的話：雲是很有品味的，這種好好男人如今可不多了，妳要緊緊把握，過了這個村，再也找不著這個店囉。

有品味的背後，應該就是優質而高雅的生活，這正是俗世女人的奢望呀！她願意爲雲改變，但與其說是改變，不如說是僞裝。

他們繼續約會，莉也格外關注起包包來。她知道，薇是包包迷，以前跟這個女人出來逛街，每一家店都不放過，自己累得腳都起泡，可她沒有絲毫的累意，還是那麼興致勃勃。可她是爲了自己，莉現在則是爲了雲。

包包中的人生哲理

以前並不關心包包的莉，現在竟感歎，每一款包包都有其性格：有稜有角的方形就好比一把脫鞘的劍，看上去帶有一點殺氣，女人要是提著它，頓時變得精明強幹；而垂掛到大腿間的牛仔休閒包，在隨意和懶散之間，散發著擋不住的青春朝氣；那種金屬鏈的小包，倘若佩上綴花長裙和細高跟鞋，簡直成了一個驕傲的公主，要是在夜晚赴約，完全就是格林童話中舞會上的灰姑娘，可惜的是當午夜的鐘聲響起，一卸裝，就變回了原形……

包包的外表有不凡的學問，其內裏更值得鑽研，袋邊上的拉鏈和鈕扣將女人的隱私小心守護；就算是樸實的包包，裏面也別有一番天地，足夠藏住女人全部的秘密；再看那體貼的內袋，一格格分開——假如心事也能如此一一分開，把裝煩惱的內袋清空，填滿快樂、溫馨和浪漫的事情，那該多好呀！別看這包包花花綠綠、大大小小，其實那種看似精緻的包包，一般來說都是不實用的。

人生何嘗不是如此，那裝扮得酷酷的，帥帥的，腦袋像隻昆蟲，遠看像隻高傲的孔雀，可伊索寓言上講的百鳥選王，眾鳥並沒有把牠推上鳥王寶座……包包就是這樣，外表與內裏並不一致。

懷念從前的包包

很快，莉的家裏掛滿了包包，簡直可以辦個展覽啦。薇見了，把眼睛睜大得像蛙眼，朝她伸出大拇指，口中念念有詞：「雲好疼妳喲！」然而，莉的心裏卻有一絲不安。好在衣櫃很大，專門有個櫃來裝包包，莉每次一拉衣櫃，總感到琳琅滿目的包包直殺進眼球。

但是，莉眞正喜歡的還是那個阿姨式的大包包，裏邊可以放把傘，雨天擋雨，晴天遮陽；也可再放一二本自己愛讀的書，平時好拿出來閱讀；還可以放個收音機和MP3，聽聽絲竹和天籟之音……

可爲了雲的一句話，爲了改變，不，是僞裝，那個大包包已經被遺忘在戀愛的角落，身積厚厚塵埃，那裏面不知塵封著多少漁火暖心的濤聲往事，如今它彷彿是在那遙遠的對岸。莉的房間裏有一架掛鐘，每當子夜響起，敲打無眠的她，莉好不容易睡去，夢中又隱約傳來呼喚的鐘聲：「歸來吧，歸來喲……」

她並不貪圖「鑽石」生活

現在的莉，已經不是從前的莉，一切都爲了雲那句話。

說起雲，他看上去格調得很，相處了一段時間，見他時時都是西裝革履，從來也沒有

過不修邊幅，一言一行，紳士得很，衣著永遠得體，身上飄著一縷清香。這個男人的流行時尚指數在排行榜上一定是數得著的，因爲他每次對莉攜帶的包包，都有一番特別獨到的見解和說詞。莉還去過他的雅室，簡直纖塵不染，現代的男人比女人還愛乾淨。

莉有一點擔心，有一點害怕，她的世界可不是這樣，她不是一個潔癖女人，跟這樣的男人在一起，會疲倦的，疲倦了會分手的。要眞的是這樣，不如趁還沒開始就結束。

發現鑽石男人的「內裏」

莉狠下決心，事先沒約就去找雲。敲開門，登堂入室，見臥室一片狼藉，見有曖昧的痕跡和氣味，「天哪！是不是發生了那種見不得人的事！」莉二話沒說，坐在沙發上。

「對不起，太亂了，妳等一會兒，我收拾一下！」雲呼呼地喘著氣說。

莉思量了一會兒，開口道：「雲，我們做普通朋友吧！」

他抓耳撓腮，長長地鬆了一口氣，並做了個深呼吸：「行，我也實在太累了。終於可以回到從前的自己。」頓了一下，他又說：「其實，這就是眞實的我，我可不喜歡那些五花八門的包包，更不是什麼鑽石男人，那都是薇告訴我妳喜歡包包，讓我以此接近妳。這跟我有什麼相干的女人包包，竟浪費了我這麼多精力和時間！」

莉一聽，淚來了：「我對包包也並沒有任何興趣，可爲了你的那句話，盡在那上面用盡心思，絞盡腦汁。」

其實，喜歡包包的人，只是薇。除去時尚光鮮的表面，實際他們都一樣，比如說他喜歡哈林，莉欣賞許茹芸，愛的都是自然和除去鉛華的眞實，他們這時才眞正看清了對方。過去一直相隔著那個包包的外皮，現在算是彼此透明了。他們這時才發現和對方走得這麼近，現在，他們眞的是開始戀愛了。

感悟點滴

偽裝究竟是偽裝，一天到晚戴著面具，連自己是誰都快忘記。有人說：真愛，深入骨髓！不用山盟海誓，無需浪漫鮮花，默默無語間，它已駐進彼此的靈魂。

還有人說，在似水的流年裏，並不奢求太多，惟一的需求與信念就是——擁有一份純真的愛情。不一定要轟轟烈烈，只要真心付出，平平淡淡、自自然然就是真。

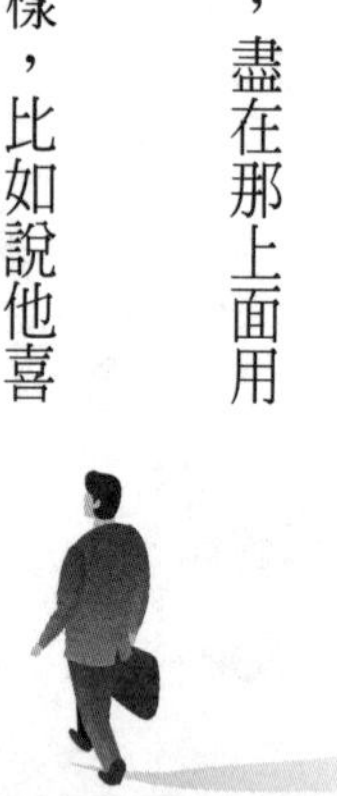

真愛，不必排場

很多人都把財富、外表形象佳，
當做標準生活；
很多人都用金錢、時間和精力，
換取優越生活。
這種看似光鮮而繁華的生活，
往往讓人少一份舒心，多一份憂心。
人生最大的富裕是心靈充實，
寧可外在簡樸也要內心豐富，
人要守得貧，耐得富。

透過餐桌看戀愛

當今時代，男女由彼此的陌生跨過千山萬水走在一起，都難於離開飲食，只是「食道」有別，可褒可貶。

一般說來，戀愛中的男女同桌而食，是生米對熟飯的憧憬，也是對未來共同生活能否幸福的彩排。不同階段的戀愛，在餐桌上各有不同的表演。萌芽狀態，時尚男女們常常頻設飯局，借點酒意，胡話連篇，打情罵俏，只有自己解其中味。如彼此眞有意，就會越過紅燒，跨過清蒸，於杯盤上空盤旋幾圈，尋覓著陸的地點。到了熱戀階段，雙雙墜入愛河，就在他們醉眼中滿是西施時，吃什麼都行，即使再貴，也是便宜，「只選貴的，不選對的」。

當情人們在情人節的晚上癡迷地享受著燭光盛宴時，所有的餐廳老板正欣喜若狂地乾著杯，慶賀他們業界一年一度的愚人節。

當然，小小的餐桌上空並不都是晴好天氣，也常常烏雲籠罩，一陣狂雨打得杯盤狼藉，徒有殘羹。然而，在這餐桌上最惡的是那些想「飽餐秀色」者。

懷念那口鍋煮出的愛情

男女戀愛，同桌而飯，値得謳歌的事其實很多，但那些沉溺於燈紅酒綠，對任何餐廳都要光顧，流連於山珍海味的，在甄美看來，都是些愛情的泡沫。她說，縱使五星級廚師

巧奪天工的技藝也烹不出她理想的愛情，她還是難忘和普石在那個年代一起用那口鍋煮出來的幸福。

甄美大專畢業後，好不容易找到一份會計工作，試用期三個月。

在外租屋的她得知隔壁住著一個名叫普石的年輕人，小夥子長得雖不很帥，但看上去一臉陽光。

那天中午下班，她去外面吃飯，普石迎面走來，笑著朝她招呼道：「嗨！是剛搬來的吧，聽房東說妳想考會計師，我們有時間就一起看書吧！」就這樣，他們算認識了。他們還眞的在一起看書，而且很快結下了兄妹之情。

一天，普石來找甄美，見她正在泡速食麵吃，便大叫起來：「哇！妳長得像排骨，原來是每天吃這東西！」

「這有什麼辦法呢？家裏又不富有，再說自己工作了，總不能一輩子靠父母，可薪水又低，只好將就啦。」

「小妹，」普石叫了一聲，然後壓低嗓音說，「不知妳是否願意跟我搭伙，自己做飯，省錢又好吃！」

「房東不准在屋裏做飯，何況我又沒鍋沒灶。」

「這沒問題，我有啊，明天晚上我請妳吃一頓，看看妳大哥的手藝。」

第二天下班後，剛到樓上，普石就來叫她。來到他的房間，甄美見屋裏收拾得井井有條，他則輕快地把門關上。這時，一口鍋在冒著白氣，她一看就知道是電鍋。

「是在煮飯吧！」她問。

普石得意洋洋地像拍廣告似的念念有詞：「完美的電火鍋，煎炒煮樣樣行！原來生活可以更美的！」這一下把她逗得哈哈大笑。普石又說：「客官，這邊請，待會兒給您呈上大餐。」

甄美想幫忙，他硬是不肯。這時，飯熟了，普石把飯盛起來，洗淨鍋後，又裝上水，把油鹽醋辣椒等佐料放入，水開後又把洗好的幾片豆腐，一碗白菜和金針菇一股腦兒放了進去。不一會兒，滿室菜香。普石輕輕開窗把氣散盡。隨後，他們開飯了。雖然只是一點素菜，但甄美吃得是那樣香，讓人一輩子回味無窮。那天，她不住地誇他的火鍋做得好。

就這樣，他們正式開始了「火鍋生活」，當時正值秋末冬初。她每天都感到很滿足，就好像是窮人過年一樣，吃得是那樣的悠哉。

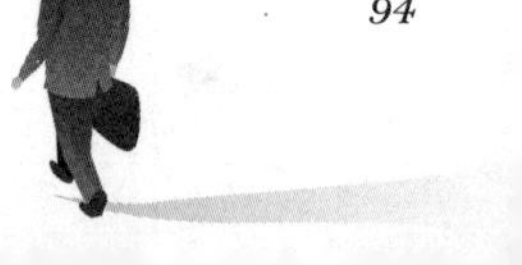

從這以後，那火鍋簡直成了他們的灶王爺，甄美的臉色也開始紅潤起來，身體比以前好多了。

不可否認，對於一個清貧而又不在父母身邊的女孩子而言，一鍋可口的飯菜，絕對比鮮花和情詩更有魅力。甄美吃著那熱騰騰的飯菜，感到幸福極了。一次，普石和朋友聚會，停了一頓，她的肚子鬧革命，鬧到第二天吃火鍋時爲止，尤其是她當晚等他，眞是心似火焚。沒想到，普石當天聚會時趁朋友不注意，叫服務生偷偷打包，帶回來給她，更是讓她感動得流了淚。

也許天下的宴席都有散時，他們的秘密被房東知道了。普石決定搬家，她難過在心，想起每天屋裏有一鍋熱騰騰的菜在等著她，那是一種溫暖而又甜蜜的感覺。她分明覺得自己眞是愛上他了，這也不是僅用饑餓的孩子依賴父母能說明的。

甄美在原地一動不動。「怎麼了？」普石說，「這樣吧，我把小鍋留給妳吧！」

「我不要！」她大聲說。

「爲什麼？」普石有點吃驚。

「我……我想要……」她有點口吃，但還是勇敢地說了出來，「我只想要那個爲我煮

火鍋的人。」

普石驚得張大了嘴，萬萬沒想到竟會如此，他的心突然被一種激情和感動點燃了起來。後來，他們有了自己幸福的家，也有一個可愛的baby。普石帶她吃遍了火鍋店，像什麼譚魚頭、小肥羊……但這怎麼能有他們當初煮的火鍋好吃呢？

感情是一種精神上的東西，只在於求眞求實，眞正的愛情生活並非什麼金錢別墅寶馬香車，也不講什麼排場和噱頭。那素菜火鍋只求個中味。《相約星期二》中，主人公施瓦茨去世前，道出了心聲：「你需要的是食物，而你想要的卻是巧克力聖代。拂去外表的塵埃，你便看到了生活的眞諦。」

感悟點滴

幸福往往就如此單純而自然。愛著自己喜歡的人，做著自己想做的事，所有的過程也該是心底滿滿的安心與篤定。不要一無所有，但要適可而止。很會賺錢的人，沒時間陪家人；拼命工作的人，體力會變差。人只有一輩子，用不著掙八輩子的錢。正如梭羅所說：「大多數豪華的生活，以及許多所謂的舒適生活，不僅不是必不可少的，反而是人類進步的障礙……」

愛上布衣女孩的理由

不要以財富論價值，
不要以地位論貴賤，
不要以相貌論美醜。
美國的瑪麗．安娜．莫爾在《詩集》中說：
「生活的醜在你的周圍，
永恆的美在你的心中。」
會嫁嫁對頭，不會嫁嫁門樓。
易求無價寶，難得有情郎。
別看人的容顏，要看人的心靈。
外界生活的簡樸，
帶給我們內心世界的豐富。
婚姻的幸福不在於衣服的光鮮華麗，
而在於雙方信仰上志同道合，

生活上情投意合。

他是一個衆人羡慕的男孩，品格良好，體格健壯，相貌堂堂，而且家庭條件優裕，父母都是高級知識份子，一家和樂。親戚朋友都爭著要給他介紹結婚對象。

兒子接到父母的電話，笑了：「爸媽，不用你們操心了，我已經有了女朋友。」眞沒想到，兒子戀愛了？他們巴不得馬上見到那個女孩，看一看未來的兒媳婦是什麼樣？與兒子相配嗎？

見到女孩時，父母有點失望。女孩很一般，從外表上看，怎麼說也配不上他們的兒子。父母很疑惑，兒子卻百般疼愛女孩。他們不露蛛絲馬跡地結束了這次見面。

回到家以後，父母想了很多。不接納女孩，阻止兒子，可能會讓孩子失去女孩的同時，父母也失去兒子。這麼一來，一家子幸福安寧的生活就會被打破。後來，他們終於想通了：兒子喜歡的，我們也應該喜歡，他的選擇一定是有道理的。

沒過多久，兒子來信了，很鄭重地講了兩個愛她的理由。

女孩子出身農村，家裏生活困難，是大學生中的「布衣族」，但她坦然面對貧窮，不

僅樸素和刻苦學習，而且對同學友好，生活上不卑不亢。當男孩對女孩明確表示出自己的好感時，很想在物質上給她多一點關心，但女孩每次都微微一笑，堅持不收，眼神中的自尊、自愛、自制令他動心。

他們兩個常常一起到圖書館看書。細心的女孩總是爭著去幫男孩買飯，女孩事先準備了一紅一藍兩個飯盒，紅的是她的，藍的是他的。飯菜簡單，卻有足夠的營養。他只是飯來張口，且粗心的他只知道享受這份關愛，從沒發現飯菜有什麼不同。

一天下午，她有事要回宿舍。他接過飯盒，在圖書館門前等她。突然，他好奇地打開兩個飯盒一看，心不由熱了起來，原來，藍盒裏有塊雞肉，而紅盒裏什麼也沒有。對於一個家裏貧窮的女孩而言，一塊雞肉就是她默默獻給他的全部愛情。他很感動——這就是自己要找的女孩。

還有一件事更讓他感動。大四下學期，她獲得學校的一等獎學金，除了還清向老師、同學欠的費款外，還向家鄉的希望工程捐了三百元。老師和同學們都說：「身爲一個苦學生，她的這種精神多麼難能可貴。」而她卻說：「我是一個來自貧困山區的學生，我深知農村孩子，尤其是貧困地區的孩子讀書很不容易，爲他們做點事是應該的。」

在信中，兒子還引用一篇自己從《水煮三國》上看到的散文，文章的標題是〈醜女孩是一杯茶〉，內容如下：

醜女孩像一杯茶。坐在寂寞的小小庭院，手邊的那杯茶和她的心情一樣澄澈。而時間在春來秋去，而世事在雲卷雲舒……

人們常說，煙、酒、茶是男人的三寶。如果把煙比做才女，把酒比做美女，那麼，茶就是清新的醜女了。在茶的情操面前，無論是煙的醇香，還是酒的濃烈，都顯得那麼惡俗。只可惜世人大多喜歡追求香煙美酒的刺激，卻無暇品嘗一杯清茶的真味。

是的，醜女孩沒有媚俗的容顏，可她的人品就像茶一樣清麗。遠離了塵世的喧囂，因而能夠永保心靈的純潔，也更能夠理解人生的個中雅趣。無論是工作或者幫助他人，她把手頭上的每件事都做得非常漂亮。她是如此善良、樂於奉獻、不圖回報、與世無爭，就像茶一樣默默地散發著一縷若有若無的芳香。

然而，人們在欣賞才女、讚美美女的同時，對待醜女實在是太不公平了。她付出了愛心和汗水，卻沒有人記住她是誰。好在醜女從不計較，總是那麼淡泊和寧靜。當美女做出

一樁樁戲劇性轟動天下的醜行，醜女依然在平平淡淡之中獨自堅守自己的美德。值得欣慰的是，一位美女如果洗淨了鉛華，就會在醜女面前慚愧得無地自容。

只是，醜女也會萌發一個女孩的情懷，也有她的夢中情人和她的愛。她是那樣謙卑，謙卑得像一杯茶似的平淡無奇。她像一杯茶靜靜地等待，當微風吹過，她心裏也會輕輕地蕩漾起漣漪。她在等待有心的人來品嘗啊，而會品茶的人將會享受到一輩子的清福。

兒子最後說：共飲風雨一杯茶的愛情，能夠超越美貌、金錢、權勢等虛無的表像！

讀完信，一種感動在父母幸福海洋的心窩久久蕩漾。他們認為自己得做點事情，讓兒子感覺到父母眞心誠意的祝福，以及表達對那女孩的歉意和關愛。

感悟點滴

愛不僅體現在轟轟烈烈中，更體現在平平淡淡的日常生活中。張藝謀導演的電影《十面埋伏》中有句經典的臺詞：三天是激情，三年是感情。愛情看重的是久長，而不是一時，愛情又如茶，看重的是味道，而不是顏色。撒母耳．斯邁爾斯說：「如同

粗糙的果皮有時可以包裹最甜蜜的水果一樣，粗俗的外表往往掩蓋著善良和誠摯的本性。」

不能否認，擁有美麗的人的確幸運。但也僅此而已。美麗的花只能開在臉上，而愛卻能紮根於心。美麗與生俱來，也許是你得天獨厚的優勢，但美麗究竟是消耗品，隨著歲月的流逝，遲早會消失殆盡。但愛卻如影隨形，伴著人一直走到天涯海角。

三個故事，萬般滋味

有心動還得有行動，
《紅與黑》中說：
「我的幸福值得我去爭取，
我今天的生活絕非昨日生活的冷淡抄襲。」
有愛還得及時表達，
《蘇菲的世界》中說：
「所有的事情都是流動的，
你不可能同在一條河流中涉水兩次。」
當你明白該怎樣度過青春時，
青春已經消逝了；
當你擁有那雙合腳的鞋時，
樣式早已過時了。
有時，一生的錯，

竟源於一時的錯。

說起跑步比賽，誰都知道衝刺是奪標的關鍵。不管是百米短跑還是千米長跑，甚至是馬拉松比賽，最後階段的衝刺都是相當重要的。體育界的很多人士甚至認爲，正確把握衝刺時機，是一名田徑運動員最基本的常識。那麼愛情呢？愛情也是跑步比賽，即使經過萬水千山的跋涉，但沒有及時完成愛情的衝刺階段，結局會是什麼呢？

這幾個故事，其中一個發生在我身邊，另外兩個是聽朋友講的。

秋天不屬於稻草人

我認識這樣兩個人。女的叫秋天，男的嘛，個子高高的，身材瘦瘦的，喜歡穿一件舊舊的黃風衣，手腳在裏面晃蕩，活像一個稻草人，大夥因此給他取了一個「稻草人」的綽號。他們都生活在一座小城鎮，一起讀完了小學和中學，又共同讀完了大學，可謂青梅竹馬，情同手足，十幾年的人生路，讓他們相互產生了愛慕之情，但始終相隔一層紙，誰也沒說破它。

稻草人曾給秋天送過一份禮物，但也僅此而已。那是一大把野生雛菊。秋天在一本書

上看過，這種雛菊可以用來占卜，如果想知道自己會在什麼年齡結婚，只須任意拔起一叢，看看當中有幾朵雛菊，每一朵是一年。望著這些細碎的花兒，秋天想，除非像七仙女一樣長命，才能等候一段上千年的姻緣。

然而稻草人想，等上了大學再表白，現在也許還早。

報考大學時，稻草人本可以上更好的大學，但爲了自己心愛的女孩，他放棄了。上了大學，他們都開始了新的生活，他見她每天這個社團那個社團的，過得很開心。是啊，他每次見秋天笑如紅葉賽春花，大大的丹鳳眼，丹唇中那小橋流水般的清純笑聲時就想，秋天是屬於稻草人的，再等等吧！

大二情人節時，他終於鼓起勇氣去表白，卻發現窗前已有一支紅玫瑰，他甚至沒把藏在黃風衣中的紅玫瑰掏出來。秋天問，有事嗎？他結結巴巴地說：「沒，沒有，我只是想找個同鄉聊會兒。」她很失望，然後把那枝紅玫瑰插在瓶中，說是班長送的。

畢業那天，他們又去了常去的學校花園。稻草人盼望著秋天能將那個愛字說出口。他們四目相視，愛的火焰在胸中熊熊燃燒，勝過當下的烈日。可盛夏的果實依舊青青，沒有成熟。幾個小時過去了，兩人的話題一直徘徊在那個字的邊緣。他們相互盼望著，相互猜

測著，直到懷著無盡的疑慮和遺憾離開了校園。

出社會沒多久，秋天結了婚，稻草人卻一直沒談戀愛，而且他一路追隨女孩回到了故鄉的小城鎮，本來，他是有機會留在大城市的，可爲了自己心愛的女孩，他放棄了。

稻草人對誰都沒表露過心跡，別人爲他介紹對象，他總是笑著拒絕，人們都以爲他太挑剔了，漸漸地沒有人再管他的事。一次同學聚會，有人開他倆的玩笑，說他近水樓臺沒得月，他只是笑笑，一句不語，秋天多喝了一點，反倒說：「人家看不上我。」他愣了，想起那枝藏在黃風衣裏的玫瑰，現在刺得他的胸口直痛。他眞想對她說他的愛，可又想，太晚了，眞的太晚了。其實他哪知女孩的婚姻發生了變化，她正在辦離婚。

當女孩辦完離婚手續時，稻草人想，終於能夠說了，因爲秋天也愛他啊，他懊悔自己竟然錯過了這段美好的姻緣，上天本來給過他機會，可他的愛爲什麼如此遲來？

然而，不幸的是，愛不是遲來，而是來不了啦。正當稻草人想要表白時，被查出患了癌症，他不忍心秋天爲他擔心、爲他分擔痛苦，依舊沒說。等她來看他時，說可以照顧他，但稻草人笑著說：「我看不上妳，眞要看上妳早就說了，何苦等到現在？」秋天的自尊心受到了傷害，從此再也沒來看他。

稻草人獨自躺在病床上，望著窗外的楓樹落下一片樹葉，竟是那樣的赤紅，紅得就像他的心，哦，竟是一顆玲瓏心。緊接著，許多別棵樹的葉子也紛紛飄落，把這紅葉埋藏在地下。世界上又有誰知道這片樹葉呢？也許只有大地知道，他是怎樣的愛過啊！

第二個故事是聽一位中學教師講的。

他的敲門聲，小得她都聽不見

他說：「我年輕時非常喜歡一個女孩，看得出，那個女孩對我也有好感。」那年他二十二歲，她十九歲。他是一個身材高大的男孩，她是一個小巧玲瓏的女孩。

但喜歡一個人未必就是一件好事。他從小就很靦腆，幾乎不敢正眼看一個女孩子，對於漂亮如花的她，更是如此。他只敢躲在一棵大榕樹下看她娉婷走出家門。就在這時，突然飛過的小鳥，會惹得他異想天開，幻想小鳥能幫他表達愛慕之意。

她知道，他是個很善良的人，很用功，成績也不錯，美中不足的是，她認爲他是一棵含羞草。她覺得男孩子應勇敢一點，大方一點才好。

他經常躲在遠遠的地方，看她出門或回家。有時，他也幻想著假如能在晚上和女孩在門前相遇，自己也許眞能鼓起勇氣向她吐露心聲。胡思亂想了一陣，看著窗簾上美麗而又

可愛的身影，他輕輕走到她家門前，對著門，伸手想敲，可手在半空中凝固成雕塑。

有一天晚上，他又來到女孩家，而她眞的出來了。就在他還沒來得及反應時，她突然悄無聲息地出現在他背後，他大吃一驚，彷彿做賊被人看見似的。

「有事嗎？」女孩熱情地問。

「沒有，我有個朋友在巷口，恰好路過。」她轉過身，低著頭，語無倫次地回答。

「眞的沒事找我？」她又問。

「眞的沒有。」他堅持。

「你確定沒事找我？」女孩又再次問道。

「我確定。」他話語囁嚅。

「你沒事，我可有事，明天我生日，你能來嗎？」她突然提高嗓門生氣地說道。

「當然能來。」他堅定地回道，內心充滿驚喜。

就在他高興得差點蹦跳著離開時，她又把他叫住：「明天來了，就敲門叫我，好嗎？」

他重重地點了點頭，帶著愉快的心情回家了。

他幸福了一整夜，精心設計了一張卡片，在上面寫了一句刻骨銘心的話。他著裝以

後，煥然一新來到她家門前，輕輕一推，門緊關著。想敲門，他怕女孩的父母或兄弟姐妹來開門，便繞過去看她的窗，輕輕喊了一聲，可聲音小得只有他聽得見。

他站了好久，也沒見人出來，突然覺得上當了，認爲她是在戲弄他，於是揑著那張卡片回家了。他眞的很生氣，從此以後，再也不去看她。

這位中學教師向我講這個故事時，已經是一個父親了，他把當年那張卡片給我看，卡片上只寫著一句話：「讓我不太算強壯的身體保護妳一生，好嗎？」

後來，我認識了他當年最愛的這個她。提起這段往事，她無限感慨地說，那天，她在樹上插了二十支蠟燭，代表二十歲的生日，還在樹上掛了很多小燈。她搬了一把椅子，在樹下等他的到來，希望他能大大方方地走進來，可一直沒有，她知道他在家門口徘徊，但他的敲門聲實在太小了，小到她都聽不見。

最後一個故事是一位在醫院工作的朋友講的。

最後一朵玫瑰

這位朋友叫莫莉，她說：「我和我老公都是十八歲考上大學的。我們是高中同一屆的學生，但不同班，上大學時，所學的專業不一樣，也不是一個班。」

莫莉的丈夫大鵬個高一米七四，身體很強壯，只是他是一個跛子，走起路來搖搖晃晃。其實上中學時，大鵬完全健康，而且是優秀的長跑名將。不幸的是在一次車禍中，他成了今天這個樣子。

上大學時，每到週末傍晚，都有一群美麗的女生，進入男生寢室，推銷她們包裝的玫瑰，同時附上一張卡片。這群女生說：「只要花二百五十元，就可以在卡片上寫下『送給×××』之類的話，我們就把這朵玫瑰花交給他喜歡的女生。」大鵬喜歡的女孩也在這群女生中，就是那個白裙子女孩。

由於學校不允許男生隨便進入女生宿舍，而且透過別人傳達感情，會避免一些尷尬，男生們對此舉非常歡迎，都紛紛爲他們愛慕的女孩買花。

大鵬這天坐在床頭，不言不語，看著窗外淅淅瀝瀝的夏雨，敲打著一株茉莉，旁邊那盞孤零零的路燈，在雨霧中閃爍著朦朧的光。他覺得茉莉是那樣的美，而自己只是那盞孤獨的路燈，面前的世界，是那樣的迷濛。

自腿受傷以後，他就像變了個人似的，以前的一臉陽光，被陰霾所取代。如今，眼見一個個男生和接受玫瑰花的女孩，一起步入學校的舞會，他看著那株茉莉，好似白裙子就

站在那兒。

四年大學並不漫長，很快就到了畢業季。賣花女們依然前來，白裙子也在其中。大鵬鼓足勇氣，走向可愛的她，但又一言不發。

白裙子熱情地問：「你買嗎？告訴我她的名字，我會幫你送到的。」

大鵬慌張地掏出錢，結結巴巴地說：「莫莉，我，我，我是買給我自己的。」

白裙子有點吃驚，若有所思地看了他一眼，大鵬則把目光轉向窗外。

在窗外夏蟲的叫聲中，時間走到了一個不同尋常的時刻，今晚是他在校的最後一次舞會，可他沒有舞伴。

賣花女們又照樣來到他的宿舍，男生們都在精心裝扮自己，他已經打算放棄了。可白裙子說：「這是你們在學校的最後一次舞會了，今晚就免費送你們玫瑰花，只是大家要親手送女孩才行。」

說完，她就給大家分發玫瑰。當她來到他面前時，他觸電似的迴避了。但白裙子還是說：「大鵬，這是最後一朵玫瑰了，但願你能送給你想邀請的人。」

他本想馬上謝絕，可眼前一亮，見一張別致的卡片上寫著——「送給莫莉」，又附了一句「她在樓下等你」。就在他猶豫時，賣花女們已經離開了，男生們也都走了，宿舍只有他一人。看著這支玫瑰，他心頭一熱：「多麼心細而又周到的女孩呀！」一滴眼淚已滴下來，他又看看自己的腿，蹣跚走到窗前。

美麗的白裙子，果然等候在樓下的茉莉花旁，她知道大鵬沒有勇氣親手送花給她，才這樣做了。可大鵬依舊沒有動靜。

她不停地向上張望，不知過了多久，她突然生氣地大喊一聲：「膽小鬼！」便轉身跑遠。

這話像玫瑰的刺一樣，猛地扎了一下他的靈魂，他並不是不想下樓，只是無法突破自卑的極限。但這句話深深刺激了他，他搖搖晃晃跑下樓，呆呆站在那盞路燈下。

「你終於肯下來了。」耳際傳來白裙子甜美的聲音。

夏夜裏，她拉著搖搖晃晃的他向前慢慢走著。

當茉莉花開的聲音劃破夜空時，大鵬高興地說：「送給妳玫瑰花。」

就在這接連不斷的音樂聲伴著好心情，大鵬度過了大學四年中最美麗、最難忘的一個夜晚。

以上講的三件事，其實都不能算故事，因爲我基本上是按生活原形來寫，它們給我的啓示深遠而長久，讓我反思再三。

感悟點滴

愛也需要言表，當你遇到真愛的人時，要努力爭取與對方相伴一生的機會，因為當你離去時，一切都來不及了。如果你的心裏愛著一個人，那你得清楚地說出來，而且要說幾遍，記住，要大膽地說出來。愛上一個人時需表白，其實，結婚後也一樣需要說愛，表達愛是一生的事，你要百分百地感謝對方愛你——真心的表達才會讓幸福和真愛長青。

除了愛情以外，人與人之間同樣需要真心、真情的言表。當你遇到可信賴的朋友時，要表達自己對他的信任和關懷，從而和他建立長久情誼，因為在人的一生中，知己可遇不可求；當你遇到真心幫助你的人時，要記得感恩，別人的支持往往會是你人生的轉捩點；當你遇到昔日愛過的人時，也要記得感激，是他（她）讓你更懂得愛；當你遇到曾經恨過的人時，要向他微笑問候，因為他使你更加堅強；當你遇到跟自己有誤會的人時，要解開誤會，因為你可能只有這一次解釋的機會了。

愛情中要懂得一個九十度姿式

道歉是人生處世的學問，
人生有許多地方得認錯，
誠心誠意地向別人說對不起。
不會或者不願說對不起的人，
肯定要吃虧。
亡羊補牢，還能救活剩下的羊。
有時向別人低一下頭，
整個人生都能昂首挺胸。
忍一時就能整宿安寧，
退一步反而天地更寬。

許多人都說風找了一個不錯的男友。原因很簡單，男友樹眞像柳枝一樣對風百依百順，不論女友怎樣對他指手畫腳，他只是看著她笑一笑。

也許當局者迷，旁觀者清，大家從樹的舉止能夠讀出，他是一個像青松一樣陽剛的人，一切都是因爲愛，才把頭低得像垂柳一樣，和風對話。

但風並不以爲然，把小嘴一撇：「他天生就是個軟弱如水的人，水不激，哪有美麗的風浪？」

她總是有理。後來，風和樹結婚，風依舊愛鬧，但樹始終溫柔。但風無論如何，都覺得自己委屈，便跑到陽那裏哭天抹淚地盡說心中不平。那其實都是些雞毛蒜皮的小事，「清官難斷家務事」，哪說得清誰是誰非。常常都是這樣，風還在指責樹時，樹便打電話過來向她道歉。風都是一副趾高氣揚的樣子，第二天一大早，他就急匆匆地來接風。看著風哭腫的雙眼，自己也紅著臉，低下高過風一大截的頭說：「對不起，都是我不好。」

這樣的事情，就好像演戲一樣，已經表演了幾十次。可終於有一天，風住在陽這兒，晚上沒有他打過來的電話，第二天也沒聽到他的腳步聲。就這樣冷戰了十天，陽陪風回家一看，樹的表情很平淡，風也一樣。感情就是這樣，發生衝突時，至少得有一方低頭，否則愛就走到了盡頭。果然，雙方僵持了兩個月，友好地分手了。

後來，風依舊整天嘮叨，她經歷過的幾個男人，沒有一個像樹那樣，多次向她低頭。

到這時，風才知道，樹原來是一個性格剛烈的人，他在自己面前一直很軟，那都是因爲愛；後來，由軟變硬，硬是自己讓他傷心至極，不再愛自己了。

戀愛中的女人，有不少就像風一樣。或許是自卑，或許是男人慣壞了，她們非得大吵大鬧，要讓男人跪在自己的腳下，說九九九次對不起，才感到自己在對方心中的份量，才會感到一絲滿足。

這種女人的愛，與其說是愛對方，不如說是讓對方屈服於自己。她們總渴望一個大男人在自己面前低頭的感覺，哪怕知道自己錯了，也覺得「你是我的，就應該向著我，否則你就是不愛我。」

男人也是怪，戀愛時都願意向女人低頭，而女人戀愛時都樂意向男人抬頭。如果始終都是同樣一個姿式，那最先感到累的，往往是低頭的。

愛情本是相互的，一個人有抬頭時，也應當有低頭日。低頭不爲別的，只是希望對方明白自己的愛。假如下一次你能低頭，便是懂得了對方的愛，那對方一定會感動的。

愛情中能抬頭，也能低頭，是很可貴的。低頭的理由，並不是因爲錯，而是因爲愛。正確與否，一點都不重要。只要你愛對方，就一定要適時低頭。如果你始終不肯低下高抬

的頭，那總有一天，對方會認定自己愛上一個不該愛的人，就很有可能會情傷而退。當你有一天懂得低頭的重要時，才知道當初總把頭抬得很高是多麼愚蠢的做法。

愛不是佔有與掠奪，而是經營，認眞地從一個很小的，甚至是不起眼的地方細心呵護起，才能領略到愛的芳香。要是你總以揮霍愛爲榮，總把頭高高抬起，總讓對方跪在自己腳下，那當青春流盡，紅顏老去，再驕傲的花朵也無人欣賞。

你要是想永遠享受愛，就得在風光無限中及時回首，低頭來澆灌愛情的花朵，才不會過早地凋謝。

感悟點滴

站在高處的人要學會低頭，得讓人處且讓人，不要自恃有理就聲聲討伐、步步緊逼，把人逼進死胡同。被逼的人一旦退到實在沒有退路的極點時，也會與你撕破臉皮，與你拼死相爭，最終鬧個魚死網破。這種同歸於盡的做法是不可取的。有些夫妻之間往往是這樣，一點小糾紛硬要鬧個滿城風雨；自己一點小憂慮，就整天無精打采；碰到一點小問題，便怕得六神無主。越有智慧的人，越能包容；越是笑口常開的人，越是胸寬過人。

測試男人，形式主義女人的盲點

相信對方，
不要有點風吹就暗尋鐵證，
倘若懷疑，
誠實也會被當成欺騙。
只要被愛著，
何苦搜尋他心靈抽屜隱匿的瑕疵？
「我面對太陽而立，
就是怕你看到我身後的陰影傷悲。」
信任是婚姻的基石，
沒有信任的婚姻，
就如一潭死水，
更似深不可測的陷阱。

有人把「女人比較感性」這一理論進一步「發揚光大」，說女人是一種形式主義的動物，而且這種形式主義幾乎嚴重到了氾濫成災的地步。

當然，這一「新理論」要是說給女人聽，她絕對會給那人冷眼看，或者說他「歧視」女人，說他還在「用老土的眼光看女人」，怎麼一點都不與時俱進？

我承認，妳可能不「形式」，可妳周圍的人，是否有這樣的：服裝穿的是名牌，上館子吃的是店名，甚至與男友約會的內容遠遠不如地點選在哪裡重要。

我家隔壁就有這樣一個叫秀秀的女孩，也不知怎麼搞的，竟然對網上那些稀奇古怪的八卦測試，迷得神魂顛倒，我看男友對她疼愛至極，可她說，這種測試是爲了揭示男友潛意識中的內心世界。結果怎麼樣呢？男友的答案把她搞得神經兮兮的。

一看網上的測試題，秀秀身邊這些已婚女人們，心裏也癢癢的：女人只會看戲，可男人最會演戲，既然難以透過現象看清本質，何不以「戲」攻「戲」，就好比以毒攻毒，以牙還牙？

我身邊這些已婚的女人中，有個叫雲舞的女人，喜歡測試她的男人。一天，她見男人串門回來，看樣子心情很好，便把已背得滾瓜爛熟的題目拿出來，故意淡淡地問道：「假

如讓你到超市採購下周的食品，對甜點、肉類、蔬菜、飲料四種，第一個閃過你腦海的，並且必須買的是什麼？」

「怎麼，妳又要出差？」男人一聽，張大嘴巴問。

「我不出差。」雲舞回答。

「這就好。」他鬆了一口氣，然後說，「當然是肉了。」

雲舞把列印有標準答案的那紙遞了過去，紙上寫的是：「出家人之所以吃素，就是爲求清心寡欲。回答『肉』，說明肉類和肉欲有關，一想到吃肉，就說明你潛意識當中存著希望一次出軌之旅。」就在答案的後面，還有這樣的話：「問問你的良心，你是不是已經覺察到了？」

男人的臉色突然來了個一百八十度變化，那一夜夫妻倆誰也沒說一句話。

第二天，雲舞把這件事講給秀秀聽，秀秀說：「看來妳老公不是這樣的人，我再給妳一道題，證實一下。『半夜餓得饑腸轆轆，忍無可忍，有位仙女給妳送來四碗麵，分別是牛肉麵、炸醬麵、什錦麵和陽春麵，妳選哪一碗？』」

雲舞立即想起自己和他戀愛時，他總是請她吃牛肉麵，而且每次吃完後，他都是心滿

意足的樣子。

回家後，男人見她又要「考試」，但這次他看來看去，還是要了牛肉麵。果然不出她的意料，女人把答案甩在他面前：「你是個腳踏兩隻船的男人，只要有美女投懷送抱，就會半推半就地玩起第三情。被發現後，會有所收斂，但不用多長時間，就很可能再犯。」

見女人的眼淚大滴大滴地掉了下來，他知道這次又壞了，急得不知該怎麼辦才好。

此後，她又給他進行了很多次測試，但結果都非常糟糕。她變得憂心忡忡，寢食不安，時間一長，臉色竟也黃了。長此下去，身體不垮才怪。從此，她開始懷疑這種測試，漸而拒絕，心反倒輕鬆了。

可是，男人居然在此時反戈一擊，扔給她一題，並補充說，事關大局的穩定，萬求慎重。女人仔細一看：「按你的喜愛程度，對老虎、牛、麻雀、狐狸等動物進行排列。」

她想，老虎兇猛殘暴，但充滿活力富有朝氣；牛有點笨，但倒也老實厚道；麻雀灰不溜丟，整天嘰嘰喳喳讓人不得安寧，只是身體還算靈活；狐狸雖然有點狡猾，但說明牠機智，做女人當然要智慧，不能頭腦太簡單。由此，她得出了這樣的答案：狐狸、牛、老虎、麻雀。

男人一看，這回可樂了，原來標準答案說：狐狸代表情人，牛代表父母，老虎代表權力，麻雀代表另一半。

女人突然明白，做測試原來只是形式主義的一種表現。測試遊戲到此結束，婚姻生活又回到原來的幸福狀態。

感悟點滴

生活中，你可以很輕易地愛上一個你不信任的男人，但是要和他生活在一起就困難了。真正牢靠的關係是建立在信任的基礎上。信任是婚姻的基石，它為親密關係的發展提供了安全的空間。如果你想有可靠的親密關係，無論過去現在或將來，你都需要相信你的另一半。建立信任需要真誠和努力，信任關係很容易被各樣試探破壞掉，而修復起來很困難，當你懷疑對方時，還不如反省一下自己。

給愛一點自由

自由意味著對生命的理解與尊重。
愛一個人就得給對方空間，
否則愛就會窒息；
愛一個人就得給對方自由，
否則愛就是囚牢。
愛一隻鳥就給牠飛翔與歌唱的自由；
愛一隻鳥就給牠品嘗風雨與享受藍天的自由；
愛一個人就給他選擇與拒絕的自由；
愛一個人就給他愛與不愛的自由，
給對方自由就是給自己自由。

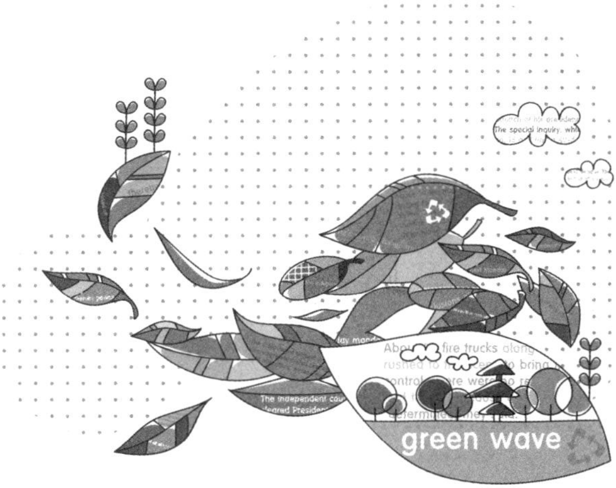

古時候，在一座大山裏有兩隻荊棘鳥，一隻住在東山，另一隻住在西山。

一天，兩隻荊棘鳥在森林中相遇，牠們頓時大吃一驚，因爲牠們平生第一次遇到另一

隻竟然跟自己長得一模一樣的鳥。

兩隻鳥開心極了，成爲特別好的朋友，每天清晨都迫不及待地到森林中相會，一起飛翔、一起聊天、一起覓食，牠們覺得彼此在一起的時間過得非常快，彷彿一眨眼間，黃昏就來到，不得不各奔東西。

此時此刻，牠們都知道自己已深深愛上了對方，一刻也不能分離。

牠們幾乎是異口同聲地說：「爲什麼我們不一起住到大山的中央？」

這就樣，牠們捨棄了各自在東西的巢，一同在山中央築了一個大巢。牠們白天一起飛翔、聊天、覓食，晚上就一起回巢依偎、睡眠。

然而這兩隻鳥實在太相愛了，牠們覺得這樣還是不夠，因爲牠們偶爾在林間覓食，還會失去對方的蹤影，遇到捕鳥的獵人，也會因驚惶而失散。

一隻荊棘鳥提議：「爲了激情燃燒般的至愛，不如把我們的翅膀相互捆綁在一起，我們就永遠不會分開了。」

兩隻荊棘鳥在森森中找來最堅韌的枝條，把翅膀緊緊地捆在一起，互相對天發誓：「這個世界上再也沒有比我們更相愛的鳥了。」說完，牠們才安心地在巢中睡去。

牠們一直睡到大天亮，是燦爛的陽光把牠們喚醒的，兩隻鳥一起唱著歌準備去覓食，當牠們跳出樹巢，卻同時在地上摔了個滿嘴泥。

兩隻鳥掙扎著爬起來，然而，牠們怎麼努力，都無法讓自己起飛，這時牠們終於恍然大悟：「兩隻鳥雖有四隻翅膀，綁在一起，卻一隻也無法飛。」

牠們一起把枝條啄開，快樂地飛向美麗的藍天。

一隻荊棘鳥說：「愛裏，需要空間。」

另一隻荊棘鳥說：「愛裏，眞的需要空間。」

從此以後，兩隻鳥過著幸福的日子，白天，因爲空間與自由，各自飛翔和覓食；晚上，因爲愛，回到巢中，依偎和纏綿。

感悟點滴

為愛放一條生路吧！泰戈爾說：「你若愛她，讓你的愛像陽光一樣包圍她，並給她自由。」裴多菲有這樣一首著名的詩：「生命誠寶貴，愛情價更高，若為自由故，兩者皆可拋。」由此可見自由的重要性。人與人之間，最困難的就是保持一定距離。

在這個距離上，既不至於冷淡了別人，也不至於損害了自己的獨立。

因而，與人相交是心靈的藝術，夫妻之間也是如此。距離恰當了，感情反而能長久。

愛與死的較量

生活的美好，
不在於財富的多少，
而在於世間有愛，
有愛的世界比什麼都寶貴。
母愛是奇蹟的創造者，
是它創造了一次次的感動，
是它使不可能成為可能。
讓我們都讀懂母愛，
愛，有時能讓人一夜長大。

困境下，用自己血液餵養幼女

梵谷說：「愛之花盛開的地方，生命便能欣欣向榮。」那是一九八八年發生的事。

亞美尼亞列寧納坎市這年不幸發生大地震，首府埃里溫也遭到破壞，一對埋在屋瓦堆

下長達八天之久的母女，竟奇蹟般地被救出了。最讓人百思不得其解的是，那個幼女才三歲呀！瓦堆下既無食物，又無飲水，陰濕寒冷的八天，是怎麼熬過來的呢？還是記者幫我們解開了謎，因爲她躲在母親的懷抱中，而且母親刺破手指，讓孩子吸吮自己的血液，吸取養分，以維持生命。

讀到這段新聞，我的雙眼湧出了淚花！一對母女緊抱的畫面，在我腦海浮現，這又讓人想起多年前讀到的一則報導。

咬緊牙關的力量

傑克與母親瑪麗爬到山頂觀望，由於母子太興奮，傑克一腳踩空，高大的身子竟然向萬丈深淵滑去。就在這危險之際，機靈的瑪麗下意識地抱住山崖邊一棵碗口粗的樹，牙關緊緊咬住兒子的衣領，她的牙齦承受了傑克身體全部的重量。瑪麗不能呼救，半個小時後，才被過往的遊客救了下來，此時，瑪麗的牙齦和嘴唇已被鮮血染紅。

只要母親不鬆口，孩子就有生存的希望。死神也怕咬緊牙關。在我們的生命中，還有什麼樣的力量有母愛那樣偉大？

此時，又想起這樣一件眞實的事。

凝固成永恆母愛的石膏像

考古學家在被火山岩漿掩埋的龐貝古城，找到了似乎中空的岩層，鑿出了一個孔，灌進石膏，等凝結之後挖出來，竟呈現出一位母親緊緊俯身在幼兒身上的石膏像。

於是那兩千年前，降臨了災難的龐貝，又在人們眼前閃現：瞬息而至的滾滾熔岩，吞噬了來不及逃跑的人們。一位母親眼看走投無路，便屈身下來，以自己的背和頭，緊緊環著幼子的四肢，阻止明知無法阻止的岩漿。

就這樣，母子都凝固了，凝固在熔岩之間。那石膏像是什麼？是凝固的、偉大的、永恆的母愛，讓千百年後的人們憑弔哀傷。

上帝最偉大的創作，不是萬物，也不是宇宙，而是愛！假如「唯心主義」的觀點是正確的，那我認爲，上帝在創造一切之前，先創造了愛，愛又產生了地球上的萬物，而那愛中最崇高的，則是母愛。

世界上何止人類有母愛啊！每一種生物，都有母愛！

母愛，在壁虎間展現

有一回讀大自然奇聞，說是日本有這樣一個眞實的故事。有人拆牆時，發現一隻壁虎

困在裏面，而且是被一根從外面往裏釘的釘子釘住。仔細一看，釘子是一年前蓋房時釘的，而這隻壁虎居然已經度過了三百六十五個日日夜夜，這簡直是奇蹟，牠是靠什麼存活下來。不久，爬來一隻壁虎，嘴裏含著食物。啊，是母愛！那無比崇高的母愛！爲了被釘住不能爬動的孩子，牠的母親竟天天在餵牠。

多麼讓人敬佩的母親啊。那隻壁虎媽媽是不是也有著傷感呢？這生命的本身，是否就是給予母親的回報？只要看到自己身上養育出下一代，便已知足？孩子是母親生命的延續，不禁又使人拾起一個塵封的故事。

忍著不死的年輕媽媽

一位從越南歸來的美國戰地記者，一把拉住他的朋友，神神秘秘地掏出一卷影片，說要放給朋友看。那是一群人奔逃的畫面，遠處突然傳來機關槍掃射的聲音，小小的人影就一一倒下了。朋友沒看明白，不知裏面賣什麼藥。

記者沒有說話，把片子又放了一遍，並指著其中的一個人影：「你仔細看！大家都是一下子倒下去的，但這一個倒得特別慢，而且不是向前撲倒，而是慢慢地蹲下去。」

朋友突然難過起來：「那是一個抱著孩子的年輕媽媽，她在中槍要死之前，居然還怕

摔傷了孩子，而慢慢地蹲下去。她是忍著不死啊！」

忍著不死！現在想到這四個字，和那個慢慢倒下的小小人影，讓人止不住流淚，淚中又想起近來在收音機聽到的一個故事。

槍口下，一個震撼靈魂的動作

一位作家寫了一個關於保護野生動物的劇本，可一名年輕的女演員立即打電話說劇本有個問題需要解決。作者有點不高興，說自己的劇本是下了功夫的。其中有一個情節是這樣的：一名獵人闖入國家自然保護區，用搶準備射擊猴子，這隻猴子媽媽還帶著一隻幼猴，牠們已經無法逃脫了，為保護孩子，猴媽媽把孩子藏在身後，自己挺身面向獵人。

這不是挺好的嗎？會有什麼問題，可年輕女演員硬說這裏有問題，應修改。她說：「這種安排可能不眞實，這個細節也不突出，不夠感人。我曾經去過雲南的西雙版納，聽當地人講過這樣的事，但猴媽媽是把自己的胸口迎向獵槍，雙手把幼猴高高舉起，牠以為這樣做，獵槍只會打自己，傷不著牠的幼子。」作者一聽，頓時覺得自己孤陋寡聞。

感謝上蒼，讓世界充滿愛，生命也更加堅強！

感悟點滴

懂得關愛自己，身心會健康起來；懂得關愛別人，靈魂會寧靜下來。真正的生命是愛心的生命，愛的基本元素是關懷，當你明白怨恨是人生最沉重的負擔時，你才會選擇愛心，當你覺醒到施予愛時，就是你得到真正快樂的開始。列夫．托爾斯泰說：「生命是一種愛，我們可以付出愛而得到生命；我們也可以付出生命而得到愛。認識到這一點，你的生命就成功了一半。」

一分一秒是個什麼概念

要瞭解一生的價值，就去問遺恨的老人；
要瞭解一年的價值，就去問考試不及格的學生；
要瞭解一個月的價值，就去問早產的媽媽；
要瞭解一星期的價值，就去問週刊的編輯；
要瞭解一整天的價值，就去問落選的政客；
要瞭解一小時的價值，就去問等待的情侶；
要瞭解一分鐘的價值，就去問錯過火車的人；
要瞭解一秒鐘的價值，就去問得奧運銀牌的人；
要瞭解十分之一秒的價值，就去問躲過車禍的人；
要瞭解百分之一秒的價值，就去問快死的人。

一分一秒眞是太短了，常常會被人們忽略不計。但有時，爲了一秒鐘，需要你奮鬥十幾年。

快一秒就能拿世界冠軍

上中學時，我們班有個女生很喜歡田徑運動，尤其是短跑。她很出色，每當學校舉行運動會，她始終都是百米冠軍。

一次，她過年回家，我問她：「你現在到底跑多快？」

她笑得露出了潔白美麗的牙齒：「一百米，就是十秒多一點。」

我又問：「十秒多一點是什麼概念？」

她不假思索地說：「我跟你這麼說吧，就是我再跑得快一秒就能拿世界冠軍。」

我當時祝福她能實現自己的願望，拿到世界冠軍，爲國爭光。

自此，與她幾年未見，終於在分別後的第六年見著她，我又問：「什麼時候能拿世界冠軍？」

她依然笑著說：「不用多久了。」

我也一直等著她的好消息，六年了，什麼好消息也沒有，就連全國冠軍也沒見她拿到過。

到了第八年，我又見著她了，問：「什麼時候能拿到世界冠軍？」

這次，她一臉苦笑：「不知道。」

很快，三年又過去了，我在一所中學碰到她，忍不住又問：「妳還能拿世界冠軍嗎？」

她有點不高興地回答：「你是不是在嘲笑我。」

我說：「不是那個意思，我眞的非常希望妳奪得世界冠軍。妳以前說妳能拿到世界冠軍，我們都相信妳有這個實力，而且大家都在盼望這個好消息的到來。」

她低下頭，顯得有點慚愧：「當時還很幼稚，不知道拿世界冠軍如此難，眞讓你們見笑了。」

她現在是一名中學的體育教師，確實沒有能力拿到世界冠軍了。我本以爲，她蠻有天賦，訓練又肯吃苦，可竟然花了十多年的時間，都難於加快一秒鐘。

要知道，短短的秒鐘，只是鐘錶上「滴答」一聲，把眼睛閉下又睜開的這麼一剎那。但對於一名短跑運動員來說，卻是難於突破的至高點，又有多少人能像短跑運動員一樣，懂得這短短一秒鐘的意義。人生的命運也一樣，成功與否就在這一秒一分裏。

懂得輸和贏之間的距離

能進入這家單位的複試，風馳既感幸運，又感到一股讓人不能絲毫鬆懈的壓力。因爲還有一位出類拔萃的對手將與他一決雌雄。而公司只招一名經理助理。

櫃檯小姐對他們說，總經理叫你們到一八〇六房，他在那裏等你們。

風馳和那位求職者一同來到了電梯口。可人太多，又時值夏天，眼前有跑業務歸來滿臉大汗的小夥子，有一臉焦急的客戶，把兩個電梯口堵得水泄不通。一波人進去，又一波人上來。照此速度，沒有十五分鐘是上不去的。

「我可要上去了。」焦急萬分的風馳對站在最外面鎮定自若的那個競爭對手說。那人頗有風度地說：「你先去吧！」很顯然，那個求職者怕登樓的狼狽模樣影響了他的形象。

一樓、二樓、三樓……爬到十八樓時，風馳已氣喘吁吁，抹去額上的汗水，深吸一口氣，穩定了一下情緒，推開房門，然後和總經理禮貌地握手問好。「你是步行上來的吧！」總經理看了他一眼，微笑著問。

風馳點頭，心想完了，還是給瞧出來了。這時，門外響起了有節奏的敲門聲，是那個對手。他與總經理自如地閒聊。

三天後，風馳接到了通知，如願以償地成了經理助理，可那個很優秀的對手沒被錄用。總經理微微一笑說：「原因很簡單，你比他快了三分鐘，在成功的路上，這就是輸和贏之間的距離，更重要的是你在行動，而他卻在等待。」

克萊門特·史東指出：「『立即行動』是建功立業的秘訣之一。」英國前首相邱吉爾平均每天工作十七個小時，還使得十個秘書也整日忙得團團轉。爲了提高政府機構的工作效率，他在行動遲緩的官員手杖上，都貼上了「即日行動」的簽條。

爲人類留下了大量文學遺產的偉大作家巴爾扎克說，任何財富都是由時間和行動結合而成的。鐘錶王國瑞士有一座溫特圖爾鐘錶博物館。在博物館裏的一些古鐘上，都刻著這樣一句話：「如果你跟得上時間的步伐，你就不會默默無聞。」這句富有哲理的話，一定早已銘刻在許多成功者的心靈深處了。大文豪歌德也曾在他的格言詩裏告訴世人：「快著手去做你能做到的或夢想到的事情！勇敢地行動，才能產生天才、力量和魔力。」

感悟點滴

一分鐘有時好像無足輕重，當上班因一分鐘而遲到時，我們就會覺得它的重要；

當與戀人在一分鐘後就要分別時，我們就會格外珍惜它。一分鐘可以用來看路，一分鐘可以用來鼓勵人，一分鐘可以用來微笑。把一分鐘當成最後一分鐘來過，珍惜生活就是珍惜每一分鐘。劉吉說：「聰明者利用時間，愚蠢者等待時間，勞動者創造時間，懶惰者喪失時間，有志者贏得時間，無為者放棄時間，求知者抓緊時間，閒聊者消磨時間，勤奮者珍惜時間，自滿者糟踏時間，我希望一晝夜有兩個太陽輪流照耀！」　哲學家費爾巴哈說：「在空間中，部分小於整體；相反，在時間中，至少在主觀上，部分大於整體。」一分鐘到底有多長？這要看你是蹲在廁所裏，還是等在廁所外。

哪種人能喝法式濃湯和水滴式咖啡

只重視結果的人，美麗是短暫的，
忽視過程的人，生命只是兩個點。
只有活在生命過程中的人，
才能感受長久的美麗，
才會用細膩的心去體驗生活，
才能領略生活的各種樂趣。
法國法朗士在《黛絲姑娘》中說：
「讓我們享受人生的滋味吧，
我們感受得越多，
就會活得越長久。」

有這樣一個故事，說的是一位英國商人到巴黎出差，路過一個鄉村小鎮，聽說有一種法式濃湯非常好喝，便找了一家賣這種法式濃湯的餐廳。店主見他一落座就點了這道法式

濃湯，問他：「先生是來巴黎出差吧？日程是不是安排得很緊？」

「不錯，我是出差到貴國，馬上就得乘車離開這裏。聽說此地的法式濃湯很有名，我已仰慕很久了。」英國商人回答說。

「對不起，先生。我不能賣湯給您。」店主禮貌地說。

「爲什麼……」英國商人有點不高興了。

「先生不要見怪，本店的這道法式濃湯，不瞞您說，湯的味道是全法國最棒的，在熬製上需要花我幾個鐘頭的時間。可面對這麼好的美味，您卻只打算花幾分鐘來喝它，這實在是太可惜了，如果您沒有時間靜下心來慢慢品嘗，我是不會讓您如此糟蹋它的。」店主很耐心地解釋道。

這位英國商人最終也沒喝到這種濃湯，只得帶著遺憾離開。

其實，這是可以理解的，在那位不賣湯的店主看來，喝湯是非常強調品嘗過程的事，沒有細細品嘗的心情，怎麼能感受湯中那豐富、細緻的味道。在生活節奏加快的今天，人們變得只重結果，而無福享受豐富而美麗的過程。許多精心品嘗美味的感覺，已被匆匆嚥下的速食替代，而我們離美味也越來越遠。

記憶中，有一種水滴式咖啡最令人懷念，因爲今天已經很難喝到了。與法式濃湯相似，一杯水滴咖啡得用六個小時左右滴出來。你要是能堅持這麼長時間，等杯子裏的咖啡滴滿以後，再小心翼翼地開啓水滴咖啡，那一定會深深陶醉在芳香四溢的咖啡味之中。

水滴咖啡完全是靠咖啡豆在水的柔情細語下一點一滴釋放出來的，而咖啡豆也是有情有義，在水滴的愛撫之下，什麼都坦白的咖啡豆，像春蠶一樣以蠟炬成灰淚始乾的精神，奉獻出自己的全部精華。如此一來，比別的咖啡更虔誠的水滴咖啡也就得到了天地日月山川的孕育，與水交融所激發出的風味達到了衆咖啡所不能及的高度。水滴咖啡出場之前的精緻工夫，與舊時豪門貴族千金出嫁前在化妝上所花的心思相比，有過之而無不及。

最令人欽佩的是，水滴咖啡爲了品質，甚至犧牲掉許多在別人看來很重要的東西，比如說市場。水滴咖啡工藝的考究，決定了它永遠難於走向大衆，它拒絕媚俗，只爲那些眞正賞識自己的人奉獻，只屬於那些眞心誠意愛它的人。它與法式濃湯一樣，最能夠挑戰人類的耐心、意志，乃至虛僞。

感悟點滴

欲速則不達，急有可能會忙中添亂，不妨冷靜處理，或許還能急中生智。阿拉伯民間故事《一千零一夜》指出：「凡能慎重考慮問題的人，往往易於達到目的，操最後的勝券；而貿然行事，急於求成的人，沒有不失敗後悔的。」麥當勞的創建者克拉克說：「毅力是不可替代的——才能無法替代它，有才能卻失敗是蠢才；天才無法替代它，沒有報償的天才只是個蠢才；教育無法替代它，世界上到處是受過教育的廢物；擁有毅力和決心者是無所不能的。」

愛惜一根樹枝的生命

世界上的萬物是相互連結的，
生命的整體也是相互依存的，
你使它快樂，它也會使你快樂。
讓一朵鮮花快樂，就別隨意折損它，
它必定會在你煩惱時送一束醉人的溫馨；
讓一棵小草快樂，就別隨意踐踏它，
它定會在你滿眼枯黃時送來一抹跳動的鮮綠；
讓一條小溪快樂，就別把污穢隨意扔向它，
它定會在你口渴時送來一捧清甜的甘露；
讓一塊土地快樂，就別隨意侵佔它，
它定會在你饑餓時獻上一縷稻麥的芳香；
讓一隻小鳥快樂，就別殘忍地殺害牠，
牠定會在陽光映透窗櫺時奏響一段美妙的旋律；

讓一縷空氣快樂，就別把嗆人的濃煙隨意投向它，
它定會為你送來一股清新宜人的晨風；
讓一處山水快樂，就別把怨氣隨意發洩到它身上，
它定會在你煩躁而出門散心時送來一道宜人的風景。

曾經讀過這樣一個寓言故事。

有個年輕人在生活中遭到挫折想自盡。一天晚上，他帶一根繩子，來到一片山林中，把繩索繫在樹枝後，正準備把下巴放進繩套中。

正在這時，樹枝說話了：「親愛的先生，千萬不要在我身上吊死，因爲一對小鳥剛在我的枝頭築巢，我有保護牠們的責任。如果你上吊把我壓斷，那鳥巢就保不住了，希望你能可憐一下那對小鳥，答應我的請求。」

年輕人想到它的愛心，就另外找了一根樹枝，可等他綁好繩正要上吊時，樹枝又開口了：「年輕人，實在對不起！春天馬上就要來到，我也將開花，到時成群的蜂蝶會飛到這裏遊戲和採花，這會給我帶來很大的快樂。你要是在我這裏上吊，我會被壓壞，身上的花蕾也就無法盛開，蜂蝶也不會來了。」

第二根樹枝的話使年輕人心軟了，又慢慢攀上了第三根樹枝。這次他一開始繫繩，樹枝就大喊起來：「年輕的朋友，你行行好吧！我的枝已伸得很遠了，行路人和幹活的農民在我身下憩息，能得到一點陰涼，這也正是我最大的快樂，你要是把我壓壞了，我就無法得到快樂了。」

這位年輕人突然猛拍了一下腦袋：「愚蠢啊！我幹嘛要輕生，就這麼點困難都承受不了，看看這些樹，都用自己的生命去服務別人，並以此爲樂。」想到這裏，他向三根樹枝深深的一鞠躬，然後高高興興地離開了。

我們從這則寓言得到了什麼啓示呢？一個人不能只爲自己活著，在生活中受到傷害和委屈，遇到了壓力與困難，不能只考慮自己的感受，甚至還因此喪失了生活的動力。我們應該像這三根樹枝一樣，多在意別人，多幫助別人，以滿足別人的需求爲榮，從而擺脫絕望的糾纏。倘若能做到這一點，生活就會美好起來，生命也會因此更加有意義。

感悟點滴

我們每個人都不是完美的，然而，有人創造了奇蹟，越活越精采；有人卻一敗塗

地，痛不欲生。我想，只要熱愛生活，就會找到一個完美的自己。

像那根樹枝一樣地熱受生命，即使清晨沒有燦爛的旭日，但高昂的熱情和充沛的精力，會使早晨有無窮的意蘊；即使起步時不被理解，無人喝采，風發的意氣與無畏的進取，會讓起點開創出嶄新的走向。

真的，一個熱愛生命的人，終能把夢想收穫為果實；一個熱愛生命的人，栽培下一株渴望，終會拔節出一脈生機。

為窮人領獎

如果我們種植一棵忘憂草，
就能收穫一個開心果；
如果我們擦拭混沌的雙眸，
就能發現常青的生命之樹；
如果我們墾耕生命的田園，
就能擁有潔心的花園；
如果我們摒棄塵世中的生活噪音，
就能聆聽心靈的歌唱；
如果我們在嚴寒中不停止生命的腳步，
就能嗅到足上的春香；
如果我們都能獻出一點愛，
世界就能變成美好的人間。

這已經是一段發生在幾十年前的事了。

那是在一九七九年，諾貝爾獎評委會在宣佈把該年的諾貝爾和平獎授予德雷莎修女時，她有點措手不及，從沒想過自己要成爲一名富人，甚至有點想推辭掉。但評委會的頒獎理由，讓她認識到自己應該領取這獎項。

德雷莎修女在挪威奧斯陸那金碧輝煌的市政廳出席頒獎儀式時，公開說：「這一項榮譽，我個人並不配接受。今天，我之所以來領獎，是代表世界上的窮人，以及病人和孤獨的人。」她還說：「我不說，只願多做。這個世界最大的貧窮是由於人們缺少愛心，拒絕跟別人分享。」

後來，德雷莎修女把這筆錢全部捐贈出來，用於改善窮人、病人和孤獨者的生活。但是，她對領到這筆資金好像並不滿足。她爲頒獎儀式花費鉅資給全體來賓準備宴席而神傷，很希望把這次盛宴的費用也贈給她。要知道，一頓豪華盛宴只能讓一百人享用一次，但所花的錢卻能夠解決一千五百名印度窮人一天的溫飽。

原以爲這樣的要求會得罪賓客，沒想到這些尊貴的客人深受感動，一致同意取消這一年的宴席，把七千美元的餐費交給她。

時至二十一世紀的今天，德雷莎修女的思想和行爲仍然值得我們禮贊。她的精神就是對當今的腐敗者也有教育意義。她是代表窮人的，一心一意想著窮人，她絕不會挪用一分一厘。德雷莎修女一生衣著儉僕，只有三套簡單的換洗修道服，只穿涼鞋，甚至連襪子都捨不得穿。

我們提倡簡樸的優良作風，但不是要求人們都得像她一樣過生活，這顯然是不可能的，但人們一定要記著有這樣一位爲窮人領獎的人，只要我們有一顆平常心，不要讓貪欲的旺火灼傷自己就足夠了。

感悟點滴

如果不亂花錢，就不用死命撈錢。哲人說清心寡欲，少即是多：貪心少一點，時間便多一點；東西少一點，空間就多一點；錢少掙一點，健康也會多一點。記住禪師提醒的人生四要，一是想要——想把天地獨攬，想把世界全包，這是貪婪的哲學；二是必要——柴米油鹽醬醋茶是人生的必要，簡樸的人懂得夠用就好；三是需要——車子、房子、金子是人生的需要，但不需要太多；四是該要——健康、快樂、自由、時間是人生的該要。

其實，我們購買的僅僅是欲望

別追隨流行，
買一件衣服只穿一個夏天，
但得花半個月的薪水；
再昂貴的化妝品也含有某些致癌物質，
過濃的香氣會破壞人的呼吸系統功能。
家裏不是放置垃圾的場所，
別把那些根本就用不著的東西買來，
佔據本來已很小的空間。
不少人羨慕別人平凡的生活，
卻很難甘於平凡。

香港偶像天王黎明給易立信手機拍過這樣一則廣告：著裝時尚、風度翩翩的他駕著賓士跑車在高速公路上，最終博得性感女模的好感，原來就是他手中有一部易立信手機。

這則廣告試圖要說明什麼呢？也許是要讓人們完全信服，要是能擁有一款像黎明大哥手裏的時尚手機，就代表著生活模式跟那個駕馳著名貴跑車的都市新貴接近了。

果眞如此嗎？小小的一部手機不會說話，沒有思想感情，最多只是人們交流資訊、溝通感情的工具，就好比古時，你到了「男大當婚女大當嫁」的年齡，遵父母之命，經媒妁之言，兩個新人拜天地，結爲伉儷，但能否「同床共夢」，這跟媒人的伶牙利齒有多少關係呢？

黎明以他的人氣指數，再配之以香車美女，包裝了這一產品，讓它成了一種地位、一種新生活方式的象徵。人們都被現代廣告這種擋不住的神奇誘惑所打動，於是慷慨地解下腰中之囊。

人們眞的是因爲生活需求而購買商品的嗎？其實，應該說人們是被廣告背後所描繪的生活方式所吸引。更準確地說，我們要買的商品只是一種象徵物，一種代表著某種身份和滿足欲望的東西。很多消費者購買黎明廣告的那款手機，就是在購買駕駛法拉利、懷抱美人歸的欲望。這種奢望在平淡生活裏是很難實現的，而現在透過購買一件小小的商品，我們的欲望就似乎實現了。

只要一打開電視機，就能看到名模賞心悅目的美麗外表、帥呆了的經典造型。就是這

些萬人心中的偶像，把其風采折射到商品上，使得一件很普通的商品身價陡然劇增。

明星們的廣告無盡地誘惑著人們，在廣告的訴說聲中，人們欲望爆破，甚至把單純丫頭本沒有的欲望一個個神話般地製造出來。最不可饒恕的是，黃色網站上那些擠眉弄眼、搔首弄姿的色情廣告，腐蝕著原本清純的孩子們。

因《流星花園》走紅的錢韋杉拍過一則洗髮精廣告，爲了突顯黑白反差和秀髮的柔順光澤，一頭長髮上綴著十來顆珍珠，只一甩，可不得了，頭髮竟被連「根」拔起，頭皮還整片帶著血，痛得叫出聲。這就是現實與夢想之間的差距。

人們用著易立信手機，豔遇並沒有發生；用著名牌洗髮精，頭髮依舊乾枯得像秋風中無精打采的野草；喝著飲料、吃著速食長大的人，變得越來越胖；整過容的人，不少成了暴雨中的殘花敗柳。

生活到底是什麼？是多一點輕鬆的現實，還是沉重虛擬的繁華？是水中自由的魚兒和森林裏自在的鳥鳴，還是金籠中的鳥兒和穿著棉襖洗澡的人生？是嬰兒劣質奶粉假酒假藥「豆腐渣」中的一幕幕慘劇，還是能常回家幫爸媽揉背洗碗、幫隔壁大媽做點事的眞善生活？

廣告的巨浪聲陣陣，喜歡出沒風波裏的人，要知道回頭是現實之岸，再進是欲望的深淵，身爲消費者的你根本不可能是弄潮兒，而是被隱形殺手嘲弄的獵物！

感悟點滴

一見拍賣就心動，濫買便宜悔不盡。花錢沒有節制裝氣派，透支消費必築高臺，追求時尚，跟風消費，今春流行今秋悔。有人說：「『時尚』是一個美妙的詞，我們任憑生活中的一切被迅速時尚化。這個過程的結果是，我們不斷地淘汰上一季的衣服，尋找新開張和最有名的館子，去最時髦的酒吧，看最白癡的動畫和電視劇，做一窩蜂的休閒運動……」

戰勝欲望，才能回歸真我

許多人笑話「魚兒上鉤」，
許多人譏諷「自落陷阱」，
可在我們的身邊，
這種悲劇卻常常發生。
欲望有機會就變大，
昨天得十萬，今天想百萬，明天又夢千萬。
貪如火，不止必自焚，
欲似水，不止必自溺。
貪婪者永遠貧窮，知足者永遠富有。
貪婪心不改，安樂難在；
知足心常有，驚喜常來。

他是一個喜歡文學創作的人。一天，他一大早就開始寫文章，直到中午，突然感到一

陣饑餓襲來，便到廚房找東西吃。可左找右找都沒有。他不甘心，又大掃蕩似的找了一遍。在這過程中，他愈覺得饑餓難耐，心想，哪怕只要找到一丁點兒能吃的食品，便知足了。

皇天不負有心人。第二次搜尋時，他終於在廚櫃頂端的一個抽屜裏發現一包速食麵。仔細一瞧，快過保存期了，打開一聞，好像也有點異味。

但饑不擇食，他開始想怎麼煮食這惟一填飽肚子的東西。他把火打開，在鍋裡加了些水。這時，他覺得調味包太簡單了，於是又放了一些醬油、香醋、香油和芝麻醬，廚房裏頓時香氣四溢。可他還覺得不夠，又切了些薑末、蔥花，後來又在冰箱的角落發現一個生雞蛋和一截香腸。

到現在，鍋裏綠的綠，紅的紅，黃的黃，好看極了，簡直秀色可餐。那天，他也吃得格外高興。

有很多人就是這樣，在饑餓狀態下，只要有點能填飽肚子的就心滿意足了。可一旦擁有之後，要求就隨之升級：既要符合健康標準，又要味道可口，甚至還要有悅目的視覺享受……其實，僅僅是一包速食麵，他硬是千方百計，折騰了好多工夫，弄出這麼一碗麵。

追其原因，這是貪婪所引發的。人們總是不知足，費盡心思去裝飾我們的生命，結果活得很累。試想一下，人們用一輩子時間去拼搏、去奮鬥，就是爲了點綴自己的生命，這難道不是遠離了生命中最本眞的快樂和可愛？難道不是拋棄了靈魂中最純潔的情趣和享受？對於那碗麵條而言，人們最需要的東西是生命本身，那衆多調味品，跟麵並沒有多大關係，只是人們的貪欲把它們聯繫在一起了。這就好比職務高低、薪水多少、房屋面積、名聲大小、事業成敗，人們硬是要把它們和自己的生命與幸福聯繫在一起。

正因此，人們常常覺得「饑餓」，結果被這些令人眼花撩亂的陪襯物喧賓奪主，一生沉醉於此，忘了與我們生命息息相關的大自然，共用美好詩意，更有甚者還與自然爲敵。這都是欲望蒙蔽了人們的雙眼，欺騙了我們辨識是非的智慧。人們最終贏得的東西只是一個方寸的盒子，而珠寶早被自己親手丟棄；人們可笑地癡迷於手中的塗鴉之作，卻早已把身邊最奇妙的山水忽視。

感悟點滴

孩子的心靈最純真，赫胥黎說：「天才的秘訣，都在於能夠一直保持童年那股赤

誠至老。」

還有人說，當一個人意識到一顆鑽石比一顆玻璃球貴重的時候，這個人已經可悲地長大了。

大人與孩子的最大區別恐怕就在於此吧！學會用金錢去衡量事物的那一天，內心聖潔的純真就沒了；學會用利益來權衡人際關係的那一刻，無邪的稚趣也不復存在；純真和稚趣都沒了的時候，一個人就可怕地長大了。

童年，是一個人最美的夢境；而長大，是人生對這個夢境最冷酷的摧殘。

因此，一個人要懂得透過孩子的眼睛來觀察世界，別透過老於世故的目光貪婪地看世界。童心讓每一樣東西都變得美好。

簡單，讓心最輕

清洗披掛著銹蝕的思想，
在朗空清風中晾乾哀傷的往事，
在陽光下把七巧玲瓏心變得剔透晶瑩，
那你便擁有一個放鬆的心情，
過著簡單純淨的日子，
不被虛無所折磨。
記住一位哲人的忠告：
吃著五穀雜糧，釋放七情六欲；
工作學習，盡心努力；
戀愛交友，以情換情。
享受簡單輕鬆，現在就出發。

很小的時候，我就聽在田裏幹活的母親說：「人要是一隻鳥就好了，可以飛上藍天，

想去哪裡就去哪裡。」而父親則嘲笑她：「太沒志氣了，怎麼就甘願當一隻鳥雀呢？」那時我也不知道，究竟是做鳥好呢，還是做人好？

其實，父親幼年也有飛天之志，只是那個時代把他的鋒芒磨鈍了。

後來上學了，我知道，每年秋天，成群的大雁都要往南飛，而且牠們在天空中，一會兒排成一個「人字」，一會兒排成「一」字。我覺得大雁的飛行方式很美，便常在田野上用眼搜尋牠們，想看一下雁群展翅齊飛的姿態。然而，我並未見著。如今想來，也許是大雁飛得過高。總之，我腦海中並無大雁的痕跡。

再後來，我學了杜甫的一首絕句詩：

兩個黃鸝鳴翠柳，一行白鷺上青天。
窗含西嶺千秋雪，門泊東吳萬里船。

聽老師說，這首即景詩是杜甫《絕句四首》的第三首，是杜甫攜妻小重返成都時所作。詩中描寫了浣花溪周圍的優美景色，表現了詩人對春天的讚美和對生活的熱愛。對於

這首詩，我最喜歡的是前兩句，寫得實在太美了，尤其「一行白鷺上青天」的情景最美。

記得當年故鄉的春夏，我常於湖邊晨讀，在那玫瑰色的陽光中，不時看到許多白鷺飛上藍天。牠們就像夢中的大雁一樣，我更加喜歡白鷺了，心想：要是能像牠們一樣在藍天上自由自地飛翔，該多好呀！誰能告訴我，那種最貼近藍天的感覺？

我又想起想變成小鳥的母親，整日在田間勞作。自我有記憶，就知道家裏很窮，但母親說：「平民百姓耕田種地，除了享受豐收或歉收的歡樂和憂愁，還有多少時間奢求其他呢？」可我，爲一個分數忙著做複雜的習題，心靈始終無法從紛繁複雜中走出來。後來，我走向社會，總覺得世界很複雜，像人際關係，複雜得讓我理不出頭緒，找不到方向。

我的生活始終無法飛起來，哪怕是保持零高度飛行。但在夢裏，我常變成白鷺、變成白天鵝去飛翔。可夢醒時分，我常問，鳥兒爲什麼能飛上藍天？我爲什麼不能？當然，並非所有的鳥兒都能飛上藍天，像駝鳥、企鵝等由於身體太重，已經飛不上藍天了。原來，能飛上藍天的鳥兒，其中的一大原因就是牠們的身子很輕。而我們人的心要是變得很輕，是不是也會發生奇蹟呢？

埃及國家博物館珍藏著一件奇怪的展品。這是一只用精美白玉雕刻的匣子，大小和我

們常用的抽屜差不多，匣內被十字形玉柵欄隔成四個小格子，非常明亮潔淨。據說，在法老的木乃伊旁發現它時，內部空空如也。但從所放位置來看，匣子是很重要的，裏面一定裝有東西，但它是盛放什麼東西用的呢？

長期以來，這都是一個謎，考古學家們也百思不得其解。後來，有人在埃及中部盧克索的帝王谷卡爾維斯女王的墓室中，發現了一幅壁畫，才解開了玉匣之謎。

壁畫上有一名威嚴的男子，正在操作一架巨型天平。天平的一端是砝碼，另一端是一顆完整的心。這顆心就是從玉匣中取出來的。關於這件事，有這樣一個傳說：古埃及有一位快樂女神，不僅長得非常美麗，而且地位至高無上；快樂女神的丈夫是一位明察秋毫的法官，當一個人死後，快樂女神的丈夫都要把死者的心拿去用天平稱量一下，假如很輕，就表示這個人生前是知足常樂的，那女神的丈夫就會讓這顆心長出羽毛，並引導它的靈魂飛往天堂；假如那顆心很重，就表明這個人生前無比貪婪，那女神的丈夫就判他下地獄，永遠都見不到青天。

也許這只是一個埃及的古老傳說，但我眞的相信，心輕的人能上天堂。有一句諺語是這樣說的：「天使會飛是因爲祂們舉重若輕。」因此，我們要把功名利祿看淡一點，不要

有任何思想包袱，只要背起簡單的行囊，跟我走吧，天亮就出發！

感悟點滴

心輕就能飛翔，心輕才會自由。聖經上說，頭腦簡單的人是多麼幸福；孔子說，一簞食，一瓢飲，在陋巷，人不堪其憂，回也不改其樂；唐寅說，閒來寫就青山賣，不使人間造孽錢；馬克思說，勞動者只有權擁有他為了生活下去所必須的那麼多，並且只有為了擁有這麼多而生活下去；清代在朝廷做官的張英在一封家書上說，「千里捎書只為牆，讓他三尺又何妨，萬里長城今猶在，不見當年秦始皇」；普希金在《奧涅金的旅行》中說，「我現在的理想是有位女主人，我的願望是安靜，再加一鍋菜湯，鍋大就行」；泰戈爾說，「我攀登上高峰，發現在名譽荒蕪不毛的高處，簡直找不到一個遮身之地。」

確實，一個人不要太多的貪欲，才能讓心靈輕鬆，應當多為別人想一下，與大雁一樣，當一行白鷺齊上青天時，牠們的美，更在於是一群志同道合夥伴互相協助、互相鼓勵、直至實現共贏的過程。在這種團隊結構中，每隻鳥搧動的翅膀，都會為緊隨其後的同伴憑添一股向上的力量，而增加七〇％的飛行效率。

享受輕鬆的感覺

不要把享受生活放在退休之後，
年輕時不懂得享受生活的人，
到老時多半遭受疾病的折磨。
不要當工作狂和事業超人，
工作與家庭生活要相輔相成，
沒有生活的支撐，
工作就成了無源之水。
多和情人同看海天成一色，
多和情人共聽日月唱支歌，
歡樂感受兩人的美好時光。

他始終記得這樣一句話：「我們不是爲了吃米而活著，而是爲了活著而吃米。」還把它改寫成這樣的話：生活不是爲了工作，工作卻是爲了生活。生活不一定要浪漫，不一定

要過得像山花一般爛漫，但一定不要讓果實壓斷了枝。他說，他欣賞陶淵明「不爲五斗米而折腰」，沒有必要那麼累的生活，爲什麼工作之餘不能「採菊東籬下，悠然見南山」呢？爲什麼不能躲開喧鬧，避開繁華，尋一處「結廬在人境，而無車馬喧」的田園生活？

可她不一樣，把工作當成生活，說什麼不做工作狂，要做工作鬼。老公又心疼又無奈，只是開著玩笑說：「妳的老闆好幸福，能招到如此美麗能幹、任勞任怨的員工。」她只是幸福地一笑，知道他是關心自己。

從他認識她的時候，她就是個工作狂，但他們是打心眼愛對方，他很想讓她改變一下，懂得適可而止，不要老是把工作一肩扛。一次，他去她們公司找她，她讓他等一會兒，說還有一點工作沒完成。可他等了好久，那天他買了一束花，她納悶，鮮花爲什麼是塑膠的，他說：「花兒等妳都等謝了，只好改送塑膠的。」這是他們熱戀中的事了。現在他們已經結婚，怎麼捨得讓愛妻每天都拖著疲憊的身子回家呢？應該高高興興上班去，輕輕鬆鬆回家來嘛！工作不能老是開不完的會，接不完的電話，吃不完的飯。女人呀，妳怎麼把自己嫁給了工作。

一天，她又像平日一樣加班到深夜，疲憊不堪地回到家，正當她掏鑰匙開門時，突然

看到門上用膠帶粘著一朵凋萎的玫瑰；花下附著一張卡片，上面寫著：「親愛的，妳辛苦了！」看著那朵垂頭喪氣的花，她微微一笑。

進了門，很想跟他說聲「謝謝」，可見他早已睡了。她輕手輕腳地走到浴室想洗臉，發現那裏放著一朵玫瑰花，拿起一看，依舊是一株凋萎的花，花下也有一張卡片：「Dear！Happy birthday to you!」沒想到今天竟是自己的生日，給忙忘了。但是他沒忘記，還這麼爲自己，她眞有點感動。洗完臉後到梳粧檯前，又見吊著一朵容顏憔悴的玫瑰，卡片上的字是「看到妳的美麗，是我最大的快樂。」她的鼻子有點酸，原來他是這麼一個很有情趣的人。她還是強壓住自己的激動，打開衣櫃，見裏面放著一朵毫無生氣的玫瑰，也有一張卡片：「和妳一起慢慢變老，是我最大的幸福。」他眞是有心情，精心設計了這麼一個令人難忘的生日。回到床邊，她又看到：「親愛的，妳是我的生命之柱」。她眞是不知該如何感謝他，爲自己的一個生日，如此周折了這麼多，只是感到心跳加快。

這時，他突然開口道：「妳總算回來了。」

「原來你沒睡著！可你送的花爲什麼都沒精打采的？」

「妳回來得太晚了，它們等妳等得困了！」

「我還以爲你是故意用這些玫瑰來影射我！」

「不過，也是啊，自己每天弄成這樣，真的就像這沒有精神的玫瑰花一樣，長期下去，明天又會是什麼樣呢？」她在心裏不停地想啊想，把生活想了一遍又一遍。

感悟點滴

有人說，人生一共四道試題：學業，事業，婚姻，家庭。平均分高才算及格，切莫將太多時間精力用在一道題上。你要是在人生這場考試中「偏題」，肯定是會吃大虧的。如果你看輕了婚姻與家庭，不去精心營造，明天的你，又將到哪裡去停泊？如果你忽視了健康，那你還有美麗的明天嗎？

從工作中解脫出來，你將在工作中有更好的表現。要想職業生存和發展，你得充分享受業餘時間。赫特夏芬在《時間轉換》一書中，提出了以下建議：

1.每天最少有三十分鐘的時間什麼事情也不要做。

2.每天的日程安排不宜太滿，準備一些計畫之外的思考時間。

3.花點時間做自己想做的事。

4.每年花一周或更多時間放鬆，享受假期而非利用假期。

你的榜樣是夢蝶嗎？

成功並非由鮮花和掌聲來導航，
陶醉於周圍的掌聲，會讓你成為「他們」。
虛榮的人被智者所輕視，
虛榮的人被愚者所傾服，
虛榮的人被阿諛者所崇拜，
虛榮的人為自己的虛榮所奴役。
沒有寄託的人最孤獨，
靠脂粉來取寵的人最可憐。
在紛繁複雜的人生中，
應該為心靈停留一片綠洲，
應該像兒童一樣融入自然；
不要像「成年人」一樣因閱歷多，
反而失掉很多自然界的本性。

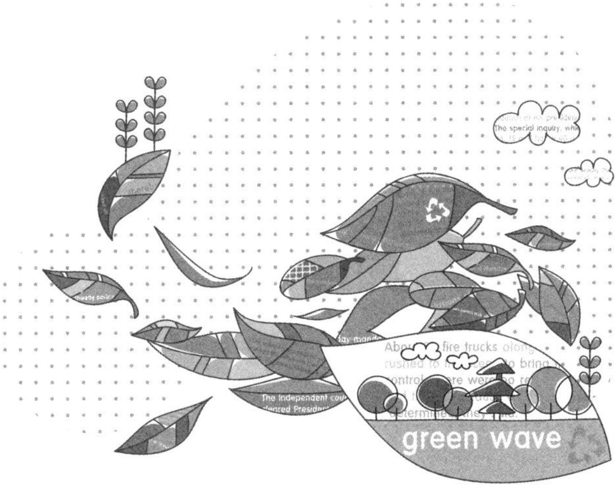

「我的腳太寬了，能幫我去掉一根骨頭嗎？」美國加利福尼亞的一名醫生說，每年至少有五十人向他提出這樣的手術要求。爲了追求美麗，穿上那些迷你鞋子，美國不少時尚女郎常常選擇類似「削足適履」的極端辦法。

夢蝶是一個漂亮的女模，可婚姻前景一片黯淡，許多朋友都想不通——皇帝的女兒也愁嫁？從小就打心眼喜歡她的男友，至今竟然沒有打算迎娶她。

夢蝶肯定是世界上動過最多次整容手術的人，絕對有資格申請金氏世界紀錄。爲了好看，這個有著可口可樂瓶身材的虛榮女人已經前後整容過五百多次了。現在，她又打算動手術把胸部改小，不就是爲了做骨感美人！

目前，夢蝶的身體很虛弱。醫生說她那凹陷的胃和窄瘦的臀部，也許難於達到一名女性必須擁有的十七%至二十二%的脂肪標準，恐怕不能保證正常的月經等生理功能。

夢蝶扮過許多職業，從第一夫人到醫生、親善大使、歌星……其實她眞正從事的職業只有一種——模特兒。

夢蝶是個頗有企圖心的女人，癡想國際化，甚至假充黑美人。

夢蝶最傷心的是，她的男友說出的話很是刻薄：「像夢蝶這種蠢女孩，大腦裏從來就

沒有想過什麼正經事情。」

夢蝶如今快三十啦，一個女人該享受的，她究竟得到了多少？

前幾年，香港某大學的學生爲夢蝶設計了一款紋身，讓這位著名的女人大大叛逆了一回。她一身晚禮服，裸露的後背上刺著一條醒目的龍，性感銷魂。設計人稱：「夢蝶有史以來都保持著純眞、健康的形象，她爲什麼就不能打破傳統，享受時尚呢？」

可是呀可是，一身脆弱的夢蝶，妳扛得住這份美麗嗎？難道妳眞的還沒有扮累嗎？

感悟點滴

人們常用「馬不知臉長」來形容某些人不知自己的缺點。確實，馬臉是長了一點，但這並非缺點。相反的，大自然為其設計的這一「造型」，甚至可以說是牠的優點。對於我們人來說，健康與效用第一，美觀漂亮第二。選購刀具時，鋒利第一，裝飾第二。生物器官的進化，只考慮搭配的實用。人的五官、身材之美，就立體幾何而言，只不過是所占空間的不同罷了。

人是有生命的，大自然也是有生命的，人的生命是有限的，大自然的歷史比人長

久得多。生命是個旅行的過程，是走進自然而不是背叛自然。我們無法擺脫自然，否則只會受到它的懲罰，擴充自己的人格結構而靠近自然，生命會因為與自然和諧而變得更加美好。

「懶惰」也有好處

太過於「勤奮」就成了工作狂，
人生應當適時地「偷懶」。
你不是超人，永遠精力充沛，
瘋狂地賺錢，又花錢治病，
這是「殺雞取卵」的生活方式！
世上的事做不完，錢也賺不盡，
即使你是工作四十八小時的超人，
也擺脫不了重重煩惱和困難，
合理安排生活，
不要過「白天賺得天下，
夜晚難以入眠」的生活。

一說起懶惰，似乎就是一種可恥的行為，讓你即使在緊張的工作中想放鬆一下，都害

怕被指責，只得繼續幹下去。事實上，「適度的懶惰」是自然界萬物的天性。

蜜蜂真的勤勞嗎？

無論是在寓言故事，還是在現實生活中，蜜蜂歷來都是勤勞的代名詞。蜜蜂眞的像人們說的那麼勤勞嗎？

一門被稱爲「時間預算分析」的科學揭穿了一些古老寓言中的謊言。時間預算分析透過仔細的觀察和精確的計算，得出新的結論，包括一貫被大家所認同的辛勤蜜蜂在內，自然界絕大部分的動物在大部分時間內什麼也不幹，除了吃吃喝喝、交配生育之外，所做的大多是諸如坐著、趴著、打瞌睡、前後搖晃、散漫閒適地晃蕩之類的活動。現在，讓我們來看看這些動物究竟懶惰到什麼程度。

蜜蜂和螞蟻一天只花二〇％的時間做一些採蜜或者整理巢穴的活動。其餘時間，牠們會待著不動，似乎絲毫也沒想到挽救一下牠們勤勞的名聲。

爲什麼這些昆蟲被人們視爲不知疲倦、辛勤勞作的象徵呢？科學家們指出，這可能來自於人們對整個蜂窩或者蟻山的觀察，這些地方的確有永無休止的活動在進行著。科學家們對此進行更爲細緻的跟蹤觀察，給各個單獨的昆蟲貼上標記，準確記錄下每隻昆蟲活動

的時間之後，結果發現，每一隻蜜蜂或者螞蟻的表現比預想的差得多。

懶惰的動物，不只是蜜蜂

除了蜜蜂和螞蟻外，還有很多動物也很「懶惰」，比如獅子、猴子、蜂鳥、海狸、蟾蜍等諸多動物。

獅子的生活特別閒適，牠們能持續十二小時一動不動地蹲在一處，其間，頂多是偶爾輕輕煽動一下耳朵。獅子一天行走的時間才不過二至三小時，在這段時間裏，牠們要麼在狩獵，要麼在進食。獅子所以蹲那麼長時間，其重要原因就在於，牠們吃的東西太多。獅子每餐幾乎都要吃掉六十多公斤的肉，胃也被脹得圓鼓鼓，這時，找個舒服的地方，肚皮朝天地睡上一覺，是牠們的最佳選擇。

被稱爲大自然中精力最充沛的雜耍家猴子，白天有四分之三的時間坐著不動，夜晚的十二個小時在呼呼大睡。

蜂鳥是世界上精力最旺盛的飛行動物，但牠們有八〇％的時間蹲在樹枝上一動不動；而晚上，牠們的工作就是睡覺。

與人類每天工作八小時，甚至還要加班相比較，海狸的生活是太輕鬆了。海狸從牠的安樂窩爬出來覓食，到修築堤壩，一天總共也只工作五個小時，其中還沒有排除中斷的時間。就算牠處於最忙碌的時候，也會忙裏偷閒，時不時地溜回窩裏休息一會兒。

工作越勤奮，死得越快

動物們爲什麼懶懶散散，爲什麼如此地「蹉跎」歲月呢？牠們爲什麼不花多一點時間找更多的食物，把自己的住所安排得更舒適，或教育自己的孩子呢？

科學家們運用時間預算分析的方法，把動物的能量需求、繁殖率、水和食物的充足狀況、天氣情況以及其他一些因素計算出來；接著，又進行類似成本與效益核算的計算和分析，也就是獲取一定的熱量，在待著不動與尋找食物的兩種模式中，哪一種效益更好？

對此，科學家們以駝鹿爲計算對象。駝鹿是一種反芻類動物，當牠非常安靜地待著時，就用四個腔室構成的胃反芻樹葉、根莖、草葉等纖維食物。駝鹿每吃一個小時的草，就得花上四個小時的時間來消化。因此，牠看上去總是待著不動。此外，駝鹿屬於大型動物，牠穿過叢林時會消耗掉相當多的能量。如果牠覓食超過某個合理的限度，體溫升得過高，便會進入到一種懶洋洋的狀態，此時，如果有捕獵者到來，牠就處在相當大的危險之中了。因爲在逃命的運動過程中，駝鹿內臟溫度會繼續上升，最終因過熱而中暑，甚至是

死亡。

按照上面的說法，蜂鳥經常休息就很容易理解了。牠們在管徑很長的花朵上將身體停在半空中吮吸時，必須以每秒六十次的頻率，用複雜的8字型模式搧動翅膀。這個動作所消耗的熱量，按身體重量與熱量比來計算，是大得驚人的。飛行是一件讓黃蜂鳥非常疲倦的事情，對於牠們來說，最好是待著不動，除非獲取的食物十分豐富，才能補足牠們飛行時損失的能量。太陽鳥是黃蜂鳥在非洲的同類，爲了避免尋找晚餐而飛得太遠，牠會選擇一個領地，並一直在附近觀察，直到附近的花朵都充滿了蜜才去採食。

科學家們最後得出結論：許多動物，尤其是有群居習慣的昆蟲，不能在一些小事情上花費太多的力氣。螞蟻和蜜蜂都像一次性電池，牠們花費在各自群落的力量是一個定數。牠們可以很快地花完這份力氣，也可以慢慢地使出來，因此，牠們工作越是努力，就死得越快。蜜蜂也想活得長久和輕鬆一點，自然就會偷懶，停下來休息，不去理採花粉的事情。

人類是否也和這些生物類似呢？據生物學家研究，睡眠時間的長短與人的壽命有密切關係，合理的睡眠時間與規律的睡眠習慣對人體健康具有重要影響。女性睡眠時間較男性

長，因此女性平均預期壽命也較男性長。

通常，成年人的正常睡眠時間爲八小時，但社會壓力已經使我們的睡眠時間早在二十世紀就減少了二十%。

史丹佛大學的研究人員發現，大腦對於人們欠它多少睡眠有著非常精確的統計，他們給這一統計數字命名爲「睡眠債」。研究認爲，如果你一夜少睡一小時，那麼第二天你就會欠一小時的睡眠債——其結果將導致你整天都變得比前一天更困倦。如果睡眠債不斷累積，比方說你在八天中每夜少睡一小時，那麼到了第九天，你的大腦疲倦程度就如同熬了整整一夜的狀態。

在「懶惰」中保持高度戒備狀態

與人類有所不同，動物們在一動不動時，甚至在睡眠中，都能處於高度戒備。

美國西南部有一種蜥蜴，牠們一連幾個小時躲在泥沙底下一動不動，只是偶爾睜一下眼睛。但牠們透過沙子能接收到周圍的資訊，當可食昆蟲路過時，沙子能把資訊傳遞給牠，使牠能夠及時地採取行動。比如，蜥蜴感覺到一條蛇在向牠進攻，便立即屏住呼吸、停止心跳裝死，直到靠近的蛇對牠失去興趣。

學者研究那些地下活動的鼴鼠時也發現一些奧妙。這種終生生活在地底下的群居哺乳動物，其中最大的卻也是最懶的，花最多的時間睡覺。研究者就把一條蛇投入實驗室的鼴鼠籠，發現對蛇進行攻擊的居然就是那隻最大個的鼴鼠。雖然平時牠明顯是在睡覺，可仍然保持著高度的警戒心。只要有敵情，就會挺身而出，捍衛自己的「家人」。

動物界永不太平，弱小動物就更需要有極高的警戒心。蜜蜂和螞蟻也一樣，牠們會花很多的時間休息。蜜蜂群落中存在著等級制，士兵等級的蜜蜂平時在蜂窩旁邊什麼也不幹，但這並不是在偷懶，而是像哨兵一樣站崗，一旦蜂窩受到侵犯，牠們就會立即投入戰鬥。在這一點上，蜜蜂是非常盡職盡責、很有犧牲精神的。而其他的蜜蜂則可以省下精力來「安居樂業」，做更多其他重要的事情，如尋找新的大糧倉，或者拓展蜂窩，或者哺育幼蜂等等。

動物們不管看起來怎樣的懶惰，牠們的「懶惰」是可愛的，這都是因爲熱愛生命，而且付出了牠們所能付出的最大力量。我們人類爲了生命，爲了更好地活著，爲什麼要那麼「勤快」？爲什麼不可以「懶惰」一點呢？

感悟點滴

上班固然要像一條龍，但下班不能就成一條蟲。貪心的人只知道今天，不懂得還有明天。有些事留給明天，生活會更美好，你的生命也將會更長久。有人說，人生最愜意的活法，是冬日的早晨，窩在被窩裏睡懶覺。窩，是依戀的姿勢；被窩，是溫暖的地方；懶覺，恰又是自己所渴望的。睡著也好，沒睡著也罷，懶懶的窩在那裏，即便只是躺著，也是好的。這個世界上，沒有恆久的幸福，只有瞬間的愜意與安適。此外，把身心置於青山綠水間，甚至迷失在一片樹林間，就如同迷失在自己的世界，甘願為時間羈絆，在這裏駐足、徘徊，盡情地用自己的目光澆灌這裏所有的美景。

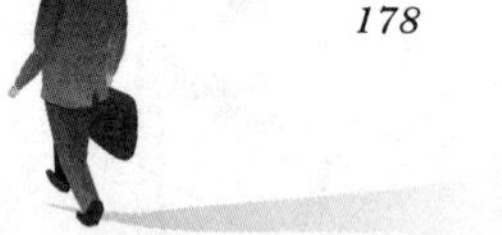

如何活在後工作時代

有人認為工作的成功，
是人生惟一的成功。
有人在工作中遇到一點挫折，
就整天唉聲歎氣，
好像生命進入了黑夜，
好像什麼都完了，
事實上除工作外，
人生還有更多成功的境界。
即使黑夜也能看到更遠的星星，
何必在一棵樹上吊死？
換種方式，照樣能成功。

小林在這家公司已經工作了四年，月底領完薪水，寫了一封辭職信，便到南部去曬太陽了。他在信中有這樣一段話：該上岸了，人又不是一條魚，哪能一天到晚拼命地游？該修身養性了，人又不是機器，哪能只轉不休息呢？

對辭職信中「不想工作」的說法，我們不能簡單地理解成這是逃避工作、放棄工作的藉口，這實際上包含著一種全新的工作和價值觀。在這種工作觀的逐漸影響下，一個「後工作時代」開始悄然降臨。

「後工作時代」的到來，要求人們把工作與休閒統合起來。

什麼是「後工作時代」

如今，我們身邊的許多事實表明，越來越多的人重新審視工作，不再把工作看成被動謀生的差事，而是要在工作中最大地享受工作給他們帶來的自我實現與成就感；越來越多的人不再把工作當做生活的全部意義所在，而是在八小時後便開始遠離工作，擺脫職場壓力，在一趟輕鬆度假或一次緊張充電後，輕裝上陣。都市人更是在「成功」、「勤奮」、「自我實現」等傳統工作價值觀之外，把「快樂」、「自由」、「休閒」等當做衡量工作價值的新標準。

擁有後工作價值觀的人認爲，應當重新定義成功，眞正的成功應是多元化的。成功可能是你創造了新的財富或技術，可能是你爲他人帶來了快樂，可能是你在工作崗位上得到別人的信任，也可能是你找到回歸自我、與世無爭的生活方式。

總之，成功就是成爲最好的你自己。什麼是最好的你自己呢？這正如美國作家威廉·福克納所說：「不要竭盡全力去和你的同僚競爭。你應該在乎的是，你要比現在的你強。」

用新工作觀解決「忙」「盲」「茫」

這些年來，很多人處於「上緊發條般的無序工作狀態」，身心在飛快地「忙」，但又不知到底是「盲」還是「茫」？

許多人就像在河裏拼命划著漏水之船，而忙得沒時間停下來補船，沒有機會思考一下：「我究竟爲何而忙？」

也許你會說，「我又不是百萬、千萬富翁，慢得下來嗎？」這其實又眞像划著漏水船的人，岸上的人勸他補好漏船再去航行、去「捕魚」，他也說自己沒時間。

當然，眞正「不想工作」的人，除了富人外，恐怕就是那些流落街頭的「丐幫」一族。但是受過良好教育的新一代人，應當懂得用靈活的方式去緩解「不想」與「必須」之間的衝突，明晰「盲」與「茫」，解決「忙」的問題。這正如微軟全球副總裁李開復所說的：「有勇氣來改變可以改變的事情，有度量接受不可改變的事情，有智慧分辨兩者的不同。」

培訓超人興起

充電、培訓在今天已不是什麼時髦字眼。培訓業這些年在台灣火紅正說明了國人的好學，也說明了迷信證書高於能力、喜歡趕潮流的事實。

無論是企業還是個人經常有一種盲目性，缺乏以合理開發自身人力資源爲目的的培訓計畫；身爲培訓師也是缺乏實戰經驗，傾向於說教，不能針對企業的具體問題開藥方；還有一部分培訓班降低學費、用較少的設備或請不具備資格的老師授課……這都是國內目前培訓業存在的問題。

不斷地充電與接受培訓，確實可以提高個人能力，創造角逐更高層次名利場的機會。在多門技能多條路的引導下，許多培訓班已突破管理、財經、電腦，深入到動畫製作、烹飪、手工藝等方面。

在後工作時代裏，隱藏在培訓背後的心態也多元化了：有些渴望成長的精英期待著更爲權威、含金量更高的專業培訓，拓展工作的新局面；但有的人只是把高級培訓班當做另一種形式的名利場；有的則是把培訓當成閒情逸致，希望出現更多有個性、有情趣的培訓。後工作時代裏出現的這些「學」，也是爲了「玩」，把快樂當工作之本，模糊了工作與生活、學習與玩樂之間的界限，培訓地也成了體育場，自然容易理解了。

新工作狂，忙並快樂著

對於老工作狂來說，工作著才有安全感，工作可以說是他的第一生命。後工作時代出現的新工作狂認爲，選擇我所愛的，愛我所選擇的，倘若必須全身心投入，那一定得忙並快樂著。

來看這樣一個例子。格林斯是個瘋狂的網路遊戲玩家。大學畢業後他進入一家電腦遊戲公司，工作就是玩各種新開發出來的遊戲，推測其中可能存在的缺陷，然後再與大家討論程式加以修正。雖然經常「加班」，可他覺得這只不過是「玩」遊戲，一天工作十來個小時，不僅不覺得累，反而找到了快樂。

不可否認，遊戲測試研究是種特殊的工作，但只要善於挖掘樂趣，就不難發現自己手

上的工作也別有一番滋味。英代爾總裁葛羅夫認爲，只有偏執狂才能存活。對於這一觀點，應當這樣看待：有些可愛的偏執狂，想辦法清除了工作、休閒之間的界限，巧妙地把工作提升至人性化的層面。

為自己工作，詩意地生活

美國人保羅．傑帝在《如何致富》一書中說：「你必須爲自己工作。爲別人工作，你永遠無法致富。」由此不難理解，美國每十秒就會有一個人轉而從事爲自己工作的事業，十四年間，這個數字由六百萬增加到三千二百萬。

如今，在進入後工作時代的台灣，也有越來越多人明白了這個道理。有個女孩想與男友開一家餐廳，可沒經驗，怎麼辦呢？女孩突然有了主意，她不計較薪水多少，先找一家「臥底」，等學得差不多了，就辭職。這女孩很勤勞，也很吃苦，天天忙，但很舒心，因爲她每天都有進步，離自己目標越來越近了。她確實做得也很好，老闆提高薪水，非常想留住她，可女孩還是找藉口辭掉了工作。

爲自己工作，有事業，有自由時間，還有品味，簡直是「三有階級」，再也不是「無產階級」，自然也就能做最好的自己，有說「不想工作」的資本了。

當然，還有那些中間派，自己有工作，只是出資，請人管理，有空就來轉轉。在後工作時代裏，他們保留著傳統，又向著「爲自己工作，詩意地生活」的理想探索前進。

感悟點滴

萬一你不幸失業了，你的生活仍然不會失業。對於失業，有人認為是一種災難，可有人認為是一種解脫，是另一種生活的開始。過去老被吊在一棵樹上，現在可以身無牽掛，面朝天空，走向柳暗花明。只要你有一技之長，成功就有希望；只要你更新觀念，生活就會進入一個全新的境界。

創造屬於你的第二十五小時

過度用腦會使腦功能弱化，
內心抑鬱會加速心靈的衰老，
飲食無規會給身體帶來疾病。
善用時間等於珍惜生命，
透支了時間的人，會受到疾病的折磨；
揮霍了時間的人，會失去寶貴的年華。
為了更好地把握一切，
就得學會給自己預留彈性，
這是一種韌性的智慧，
它能使我們的生命更有力度。

學生時代，週末忙於功課；出社會工作以後，又把週末用來加班或鍍金。朋友關切地問，什麼時候休息呀？我笑道，那就相約星期八吧！

日子就這樣過，我已習慣了忙，只是一次回農村老家，發現自己連挑一擔水都感到吃力，我才意識到健康問題。一次參加朋友聚會，發現朋友們大都有自己的個人時間。還有一次讀書，得知連美國總統布希都要保證有一段和家人在一起的時間。

我想，是該有自己的一段時間，否則生命承受不了如此之重。我於是在尋找機會。托朋友的福，我去了一個酒吧，零距離地體驗了爵士音樂。遺憾的是，我的音樂細胞不發達，不能像鍾子期那樣識得俞伯牙的高山流水之音，不能真正感受薩克斯風的美妙。但是，那些歌手們在舞臺上的陶陶然卻頗讓人動心，尤其是一個金色長頭髮的薩克斯風手對一名新入隊歌手說的話，真是給了我一個很大的提醒：「你應該在嚴謹刻板的二十四小時以外，給自己開闢一個特殊的時間點——自由的第二十五小時，用它做任何能滿足你夢想及滋養生命的事。舉個例子說，假如你有得天獨厚的嗓音條件，就應當體驗一下做酒吧歌手的感覺。」

是呀，一個人每天盡職地完成二十四小時內的責任，然後給自己留一段美妙的「自由第二十五小時」。當然，這段時間可長可短，也不必有固定的時刻，可以在任何時間體驗，只要你的心在這一段時間內有自由飛翔的感覺。

其實這種感覺我們不是沒有過。小時候，我和妹妹在田間勞動，引吭高歌，那是一段快樂的少年時光。後來，學會了騎自行車，每當騎下坡時手全部放開，一邊吹著口哨，一邊看著稻田、廠房、村莊……我發現自己進入了一個「全新的自我」，這種爽快非言語能形容，當時有這種快感的我，再大喊幾聲，便覺得自己與大自然合一了。

可後來，居然把這種「自由狀態」給「清除」了。其實，我們只要意識到這一點，就可以用自己的方式啓動它，使狀態永遠在「線上」。

「自由二十五」是一種虛擬的時間概念，並非指延長到二十四小時之後的時間，而是一種個性化的新時間觀念，代表一種新型的生活態度。

傳統意義上，每天二十四小時，已被人們認定爲「絕對的時間概念」，人們在這種精確的時間觀中，越來越失去了對時間的掌控權，甚至成了時間的奴隸，備受時間的折磨，這也就是所謂的「時間暴力」。

「自由第二十五小時」是對「二十四小時」的挑戰，並宣佈新的時間起點。簡言之，任何眞正屬於你自己的時間，都可以劃歸爲「第二十五個小時」，在自己設定的新時間體系中，就不必遵照「二十四小時」的生活模式，而是利用反標準的生活方式啓動自己的最

佳狀態。對於二十一世紀的人，多一點自主安排的時間，就等於把生命又延長了一點。

當然，你也許會辯駁，時間本來就是每天二十四小時，「自由第二十五小時」未免有點自欺欺人。但是，從主觀來看，「自由第二十五小時」至少延長了人們對時間的心理感受，滿足了自己主宰生命的美好心願。

感悟點滴

人生六十歲之前，是用生命換一切，而到六十歲之後，是用一切換生命，正負相抵，差不多是零。有人生動地評論生命的價值說：「活魚每斤五元，死魚每斤三元；活蝦每斤十八元，死蝦每斤十四元。」

胸寬心才會自由

心寬世界才會大，
心中裝有一盞燈的人，
無論到哪裡都是光明的。
種子撒落在泥路旁，
到了春天就會滿徑花香。
內心若堆滿垃圾，
心胸自然狹隘，
內心若一塵不染，
心胸就會無限寬廣。
頭腦是狹小的，
卻能掩藏尺幅萬里的思想；
眼是一個點，
卻能巡天遙看遼闊世界。

漁夫出海捕到一條非常漂亮的魚，小兒子見了很喜歡，就想把魚養起來。他弄了個魚缸，把魚放進去。看著魚一天到晚不停地游來游去，小兒子高興極了，可這條魚並不愉快，牠覺得太不自由了，因爲游不了多久就會碰到魚缸的內壁。

小兒子魚養得勤，每天都保證給魚餵食，魚也慢慢長大了，以至在這個魚缸中轉身都困難，小兒子又換了大一點的魚缸，可魚還是不高興，因爲牠還是會碰到魚缸的內壁。這時，牠不由得想，過這種老在原地轉來轉去的生活實在太沒意思了。終於，牠決定乾脆不游了，甚至還發展到絕食的地步。

小兒子想盡了所有辦法，也不見魚快樂地游，忍不住問：「魚兒，你爲什麼這樣啊？」

魚如實地回答：「整天待在這麼小的地方，就好比井底之蛙，只能看到這麼一個小天空，我感到很不自由，因此很痛苦。要是能到大的地方去生活就好了。」

小兒子同情魚，於是把牠放入大海。魚不停地游啊游，可心中還是高興不起來。有條魚問牠：「朋友，你怎麼看上去一副悶悶不樂的樣子呀？」

牠長長地歎了一口氣：「唉！這個魚缸怎麼這麼大呀，我花了將近一天的時間，還游不到頭！」

我思故我在，幡固然在動，更重要的還是你的心在動呀！與其說世界很大很大，不如問你的心到底有多大。心有多大，你的世界就有多大，如果你的心只有魚缸那麼大，那就算給你一個海洋，你也找不到自由的感覺。

感悟點滴

君子能豁達大度，如海納百川；小兒則氣量狹小，難於忍小事。宰相肚裏能撐船，將軍額頭可跑馬，這都是心在起作用。有人說：「心靈不俗，即使地位卑微，他的眼光照樣高遠；心靈不凡，即使處境窘困，他的雙肩擎起的卻是剛顏，他所懷抱的卻是崇高；心靈不屈，即使兇險叢生，他的足音依然鏗鏘，他的站立依然挺拔。」

擦洗靈魂的幾種方法

一個人要崇尚自然美，
不要「沾花惹草」。
四萬五千雙免洗筷等於一立方米大樹，
四千張賀卡等於一棵大樹，
一噸白紙等於六棵大樹。
珍愛綠色大自然，
拒絕白色污染，
善待野生動物，
眼看「口」勿動。
想支配大自然，
就必須遵守大自然的規律。

相傳，西楚霸王項羽從小就格外愛護樹木，見有人毀壞都要設法阻止。一天，他見鄰

居要把院內一棵枝繁葉茂的大桂花樹砍掉，便急忙上前勸說：「樹長得這麼好，爲什麼要砍倒它？」

鄰居說：「四四方方的院子內有這麼一棵樹，恰好是一個『困』字，不吉利。」

項羽說：「砍了樹以後，院中惟獨有人，這不就成了囚犯的『囚』字，那將會更不吉利。」老人覺得很有道理，便不砍樹了。

植樹造林，愛護環境是一件極其重要的事。《聯合報》專欄作者史特蘭說：「想污染一個美麗的地方，有兩種辦法：用垃圾，或者用鈔票。」但要防止污染，只有像項羽一樣，想出好辦法，才能更有效地防止人們破壞環境。

荷蘭有一個城市爲解決垃圾問題而購置了垃圾桶，但人們不願意使用垃圾桶，亂扔垃圾現象仍十分普遍。

該市衛生機關爲此提出了許多解決辦法。第一個方法是，把亂扔垃圾的罰金從二十五元提高到五十元。實施後，收效甚微。第二個方法是，增加街道巡邏人員的人數，成效亦不顯著。後來，有人在垃圾桶上出主意，設計一個電動垃圾桶，桶上裝有一個感應器，每當垃圾丟進桶內，感應器就會反應而啓動答錄機，播出一則故事或笑話，其內容還每兩周

換一次。

這個設計大受歡迎，結果所有的人不論距離遠近，都把垃圾丟進垃圾桶裏，城市因而變得清潔起來。

據報載，泰國首都曼谷的許多社區設有一個奇特的「垃圾銀行」。社區號召少年去搜集垃圾，同時教孩子們把垃圾分類，然後再交給「垃圾銀行」。之所以稱「垃圾銀行」，是因爲該「銀行」要支付「報酬」，而在支付前，先把他們的「報酬」存在「垃圾銀行」中，滿三個月計算一次利息，但不是現金，而是文具。例如，一個孩子在某家「垃圾銀行」中有「存款」，人們能夠從銀行裏掛著的利息明細表中得知：存款超過一百泰銖時，利息是一個多功能書包；存款若在三十一到一百泰銖之間，可以得到一個文具盒；存款爲二十一至三十泰銖時，可以從鉛筆、削鉛筆的小刀、圖書和膠水中挑選一種；而存款在十泰銖以內也能獲得一支鉛筆。此外，身爲「客戶」的孩子們如急需繳納學費時，可以先申請貸款，然後用垃圾還清。

感悟點滴

人和大自然是合一的整體。科學家們指出，人體內的幾十種元素和地殼幾十種元素的平均含量是一致的；人體血液中幾十種元素和海水幾十種元素的平均含量也是一致的。大自然好比擴大了的人，而人也好比濃縮了的大自然。難怪美國詩人蘭德爾·賈雷爾說：「即使世界明天就要結束，我也要栽我的小蘋果樹。」世界著名環保人士珍·古德博士還號召人們「環保要從自我做起。」她說：「我們沒有能力改變整個世界，但我們可以努力去改變一個人或一個地方，我想，這就夠了。」

給美麗延年益壽的辦法

有位哲人深刻地指出：

「沒有生命，智慧難以表現，
文化無從施展，力量不能戰鬥，
財富變成廢物，知識無法利用。
有生命才會有希望，
有希望才會有一切。」

珍愛生命，也就是熱愛美麗生活，
珍愛生靈，也就是延長美麗的壽命。
沒有生命就不會有五彩的人生，
沒有生靈就只剩下孤獨的人類。

美是永恆的，但世間許多美麗都不是永恆的，有長短之分。換句話說，美麗是有壽命的，而且許多美麗，早在「青春」就死亡。

也許你知道珊瑚，但你瞭解珊瑚嗎？去過熱帶海洋的人，可能見過珊瑚島或珊瑚礁。它們是由眾多珊瑚蟲的石灰質骨骼聚集而成的，看上去像樹枝，多爲紅色，也有白色和黑色的。許多人都很喜歡，認爲它們很美麗，事實上，它們都是死去的珊瑚累積成的。

死去的珊瑚都有這麼美，那活著的珊瑚又是什麼樣呢？學過動物學的人也許知道，珊瑚是腔腸動物，身體呈圓筒形，有八個或八個以上的觸手，觸手中央有口，多群居，結合成一個群體，形狀像樹枝。它們生活在熱帶海洋幽深的海底，僅在海水的懷抱中，它柔軟得像水。就在它們柔弱無骨的身上，所有的小觸角在水中輕輕地一張一合，就像琴弦一樣在柔柔地撥動著心靈的音樂。在寧靜的海底，珊瑚就像一個戀愛中的美少女，半絲半縷都是生命，一分一寸都是光彩。

但是，珊瑚要是被人採了以後還會如此嗎？事實上，人們要是把它帶出水面，那珊瑚就會「見光死」，它無法接受人們如此殘暴，一離開自己的家園，生命就停止，「出水」的珊瑚會變得無比堅硬，永遠失去了先前的柔美，那些白色的骨骼其實就是一具慘白僵硬的骨骼。人們認爲珊瑚礁或珊瑚島美麗，然而倘若與它活著時相比，那眞的是醜陋。

無獨有偶，有一種水獺的美麗也跟珊瑚相似。有生命時，牠擁有讓世人歎爲觀止的美

麗皮毛。在陽光照耀下，人們看到那深紫色的，跟錦緞一樣，閃爍著神秘、高貴而又華美的光澤。當人們有幸在水邊岩石上見到正在休憩的牠，無不驚羨，世間竟有如此完美的生命寶石！

可是呀可是，世間的許多美麗，都有一種「誘惑」人們犯錯的悲哀。然而，美麗怎麼會有錯呢？問題眞正在於見「色」心動者。美麗的水獺，可憐的水獺，正當你幸福地在岩石上悠然而居時，你可知道，總有一些人由「遠觀」而生「近玩」的想法，進而硬是要把你的皮毛剝下來，製成大衣，裹住某位淑女豐美的身子；或者製成皮帽，戴在某位紳士的腦袋上。就在金錢利益的驅使下，有人帶著獵槍闖進了你的家園，在光天化日之下，歪著腦袋，瞇起眼睛，突然扣動板機。聲響之後，水獺「幸福」地死去，水獺的美麗，也隨之而死，在陽光下，皮毛竟乾澀粗糙，暗淡無光。

還有一種動物，麝鹿也如此。衆所周知，麝香既是名貴藥材，又是珍貴的香料。準確地說，麝香來自雄麝，是牠臍下的分泌物。人們爲得此物，殺心紛起。可雄麝生活在密林深處，身體靈活，來去如風，不易捕獲，即便捕得，要想取得麝香，也非常困難，因爲牠非常靈敏，會急轉過頭，在你打死牠之前，把香麝咬破。

感悟點滴

自然界的不少生物，就是如此地「潔身自愛」，就算是生命遭到無情摧殘時，牠們會千方百計捍衛自己的美麗，僅就這點而言，身為最高等動物的人類只能自嘆不如。可悲的是，有些人不僅不捍衛美麗，反而破壞，哪怕是出賣自己的靈魂。但這些生物並沒屈服，牠們悲壯地證明著，生命是最美麗的，活著才有價值。

闊病何來？

不要攀比式消費，攀比多煩惱；
不要積壓式消費，該花時就花；
不要有害式消費，傷身又傷心；
不要盲目式消費，購物有計劃；
不要粗心式消費，應精打細算；
不要便宜式消費，清除壞習慣；
不要跟風式消費，須理智購物；
不要虛榮式消費，應講求實用；
不要透支式消費，收支應平衡。

《辭海》中解釋說，「闊者，富有；豪奢也」。富有什麼不好？國家經濟建設，不就是鼓勵一部分人先富起來，而後實現社會的共同富有嗎？但是，闊的另一涵義「豪奢」，好不好呢？

當然不好！倘若不能節制自己亂花錢的習慣，那你也許已經不知不覺感染了闊病。闊病，或者說是「奢侈病」，這也是美國康乃爾大學經濟學、論理學教授羅伯特正在研究的現代病，專指無節制的揮霍。經濟學家凡伯侖認爲揮霍是「炫耀性消費」（擺闊），富人們在消費上的揮霍行爲，僅僅是爲了向他人展示自己的能力。現代人大多都有「希望自己比別人好，比別人強」的願望。

如果說闊病只是富人們自己發燒，那它也許是上層社會名利場的一道風景。可是，上層消費的失控行爲就好比病毒，會感染並大面積激發人們追求豪奢的狂熱。人朝上走，大家都向前看齊，富有階層的行爲會對中產階級甚至低收入家庭的消費模式起宣導和改變作用，甚至我們所有人都受到了不同程度的感染。

患有闊病的人，不單追求豪宅、名車，甚至瘋狂購物、奢侈飲食、巨額整形美容等。

其實闊病並不是現代新鮮物。自古有之，而於今越演越烈。帝王擺闊，幾乎家喻戶曉，像晉人石崇太富了，就用蠟當柴燒，又作「錦步幛」五十里，以炫耀他的富豪。在飲食方面，有人「吃了五穀想六穀，吃了山珍思海味」。

羅伯特發現，一名美國CEO需要擁有一棟一萬五千平方英尺的住宅，這才與其地位相配，如果購買小一些的房子，不但會在公眾面前大丟面子，還面臨人們對企業運作情況產生猜疑的風險。倘若所有的CEO都縮小自己的宅地規模，那心理的尷尬就會馬上消失。事實上，很多CEO都希望自己的購房面積更小一點，因爲房子大了還得雇人維護，同時也需要額外的管理，這也是一件很煩瑣的事情。

台灣人自然還沒有美國人富，但不少人崇闊崇洋，近似「東施效顰」，可謂富人效洋人，窮人效富人，「效」得是那樣的毫無節制。

羅伯特研究指出，人們之所以會無節制地炫耀性消費，是因爲他們「關注相對處境」超過了「關注實際處境」。舉個例子來說，如果你月收入三千元，你和一個月收入甚至還不到兩萬元的在一起，就會更有成就感、幸福感；但是你和一個月收入二十萬的人在一起，就會感到很膽怯。

也許正是這種毛病，使得今人的欲望太多，對於學歷、文憑、官位、職稱、名利、聲譽等身外之物，一點都不想丟棄。於是，沒有了「兩個黃鸝鳴翠柳，一行白鷺上青天」的明麗；沒有了「碧玉妝成一樹高，萬條垂下綠絲絛」的清新；沒有了愚公移山的大器，精

衛塡海的執著，夸父追日的熱烈和嫦娥奔月的飄逸；沒有了一生只走一條路的大遊客徐俠客，一生只寫一部書的史家司馬遷，一生只種草採草寫草的草民李時珍……

當然，生活也並非全如此，有不少人崇尙簡單，追求眞實的生活。在這些簡單一族看來，一個人渴時本來只需一瓢水，幹嘛要消費一個海洋？一朵玫瑰也可以代表愛情，爲何非得九九九朵？

是啊，卸下金山銀山的負重，我們才能領略綠水青山的愜意。也許你只是生活或工作上的一時所需，而不得不裝闊，但須記住，闊病是有傳染性的，對常和你接觸的每一個人，甚至身邊那些你並不太熟悉的鄰居——怕少花了一個子兒的錢而感到丟面子的人，都會被傳染上。

感悟點滴

總羨慕市場流行，總忙著追趕時髦，總對時尚眼熱，總想扮「闊」裝有錢人……

其實，真正落後的不是你的衣服，而是你的思想觀念和能力。生活得有平常心，做人有自己的本色，花錢量入為出。

世界上沒有白吃的午餐，做出任何決策都得付出代價。為了得到某種東西而放棄另一種東西，在經濟學上叫做「機會成本」。總是購買可有可無的東西的人，不久便買不起自己所需要的東西。你省下的一塊錢大於你賺取的一塊錢。記得有位企業家說：「每天晚上躺在床上，我都要計算一下，每一分錢花得值不值？」《節約全書》也說：「良好的消費習慣使你終生受益。」

靠近月亮的最佳方式

追求時尚會陷入「泡沫」生活的怪圈，
愛慕虛榮獲得的「幸福」只是曇花一現。
有形的生活噪音，會讓你不得安寧，
無形的生活噪音，會讓你煩惱多多。
多親近自然能讓你除憂去煩，
週末的郊遊能除內心的疲憊，
假日的旅遊更讓人心曠神怡。
大自然的甘露能洗滌心靈的塵土，
大自然的清風能吹醒麻木的神經，
大自然的靈丹能醫治年久的頑疾……

臨近中秋，人們談的最多的就是月亮，許多人都講起阿姆斯壯登月的壯舉，進而說到中國「神州五號」，講起中國的「神州六號」、「嫦娥計畫」，有人甚至問：台灣什麼時

候登月呀？

據說，中國古代詩人筆下寫得最多的景物就是月亮，像張若虛的〈春江花月夜〉、李白的〈靜夜思〉、蘇東坡的〈水調歌頭〉等，都是詠月的絕唱，千百年來廣受世人的傳誦。當今的人也依然喜歡月亮，想像著各種接近月亮的方式。

其實，通向月亮的路並不是美國太空總署發現的。早在此之前，甚至在更古的時代，我們的先人就已發現了靠近月亮的最好方式。方法非常簡單，只需要有一口井，一汪清澈的好水，一個帶繩子的桶。面朝水井的時候，一定要靜下心來，不要浮躁，內心要澄清一些，俯下高傲的頭，彎下高貴的身子，你會發現，一輪乾乾淨淨的明月從水裏、從歲月深處升起，漸漸走向你，從眉頭亮到心裡。

美國太空總署用了許多財力和時間才爬上了月亮，結果只拿回來幾塊冰冷的石頭，眞讓人們失望，尤其是冰冷的石塊，把孩子們美麗的夢打破了。

我出身於一個窮鄉僻壤的小山村，小時候一直都不知曉阿斯姆壯登月的事。我的母親直到今日也不知道太空船是啥名堂，依然向她的外孫講古時候的那個月亮，嫦娥的月亮，吳剛的月亮。每每於此，我就想起自己小時候幾乎天天都要跟月亮見面。更小的時候，是看母親在月夜挑水，先是從井裏打起兩個月亮，我總是跟在她身後，望一眼天上的月亮，又微笑著低下頭來看桶裏的月亮。一前一後，兩個月亮，一閃一閃地在地上行走。我邁著鴨子步，興沖沖地背起李白的古詩：「少小不識月，呼作白玉盤，……」「床頭明月光，疑是地上霜……」然後又想中秋吃月餅的事，我記得那時的月餅非常甜蜜，而且一次吃不了多少，必須慢慢地品。後來，我便學著母親的樣子，自己打撈月亮，把美麗的月光挑回家倒在一個大水缸裏。等睡覺後，又做起月亮的夢。

伴隨著神話與童話般美麗的夢，我漸漸長大，並知道了通向月亮的路距離有三十多萬公里。美國太空總署走了這麼遠的路，才發現一塊冰冷的石塊，可我母親只用二米多一點的井繩就撈起完整的月亮和美麗的月光。我們小孩只需一低頭，就可以看見月亮，它與我們距離很遠又很近，這恰是一個最好的距離。

美學家說，審美是需要距離的。取消距離，得到的是一塊石頭；謙遜而又恭敬地保持一段距離，得到滿身滿心的聖潔月光。就在人們崇拜時尚，「我爲星狂」，以爲和名流合影是多麼榮耀的事時，我不由得想起那口井，那汪澄清的好水，那只繫著二米長繩的桶。二米以下，是那個可以觸摸得到的遠古月亮，二米以上，到處是用手可掬的銀白月光。

多一份心靈的寧靜，多一絲生命的本眞，我們的生活才會更美好。

感悟點滴

在夕陽無限好的黃昏沏一杯香茗，登上小樓陽臺，不理腳下的滾滾紅塵，坐等明月照心泉。不久，月華初上，世界銀銀，聽得到玫瑰花劃動空氣的聲音，和著耳邊輕盈的樂曲。卸下面具，讓純潔的心扉吮吸明淨的空氣，這也是一種幸福；花未眠，人亦未眠，這也是一種愜意。

無言的感動，勝過有情的表達。面對此景，心靈彷彿回到了過去，回到了那遠離塵囂、靜謐而又詳和的古井邊，向那輪遠古的明月俯首。

自然，啟動心靈的最佳狀態

順水推舟——容易；
逆風行船——困難；
拔苗助長——必死。
老子有言在先：
「道可道，非常道；名可名，非常名。」
與其說前途無「亮」，
不如老老實實做好眼前的事；
與其感歎自己「心比天高，命比紙薄」，
不如認認真真向大自然學習生存法則。
「人法地，地法天，天法道，道法自然。」

人與自然之間是緊密相連的，地球上所有生命都是相互依存的，每一樣東西都依賴其他每一樣東西。印度著名的哲學家奧修說：「當你看著一朵玫瑰花的時候，你感到快

樂——你的快樂是玫瑰花創造的。」林語堂先生甚至斷言：「一個人如果和自然界偉大的東西發生聯繫，他的心也會眞的變得偉大起來。」

三國時，曹操面對蒼海寫下了〈觀蒼海〉的著名詩篇，抒發了他的遠大抱負。文學大師郭沫若年少時就特別喜愛山。每逢假日，他會踏上樂山附近的大小山頭，登高望遠，暢抒情懷，增強了他的「志存高遠，攀山不止」的志向。革命先驅李大釗三登五峰山，鍛煉和堅定了他的革命信念與毅力，寫下了〈山峰〉、〈山中即景〉等詩篇。畫壇大師劉海粟九十六歲高齡時，完成了「十上黃山」的壯舉，他站在最高峰，體驗「會當凌絕頂，一覽衆山小」的氣魄。

是啊，把心放於大自然中，人就會眞正被啓動，能夠輕舞飛揚，與山水對歌，與草木蟲魚進行心靈互動，甚至更有助於人們產生靈感。

在佛教中，又是怎樣理解自然的呢？說來很簡單，就好比在草地上撒草籽，等著冬去春來，不須管風吹雨打，還是雞鳥啄食，一切只要「隨時」、「隨性」、「隨遇」、「隨緣」，就能「隨喜」。從佛旨上來看，這就是向自然學習「道」。

在這一方面，聞名世界的狄斯奈樂園的設計，就是個很成功的例子。

狄斯奈樂園的設計師是世界建築大師格羅培斯。當初，眼看著樂園很快就要對外開放了，可各景點之間的路線該怎樣連接卻還沒有具體方案。

當巴黎的慶典一結束，格羅培斯就讓司機駕車帶他去地中海海濱。汽車在法國南部的鄉間公路上奔馳，這裏漫山遍野都是當地農民的葡萄園。

突然，車子拐入一個小山谷，他們發現那兒停著許多車輛。原來，這是一個無人看守的葡萄園，你只要在路邊的箱子裏投入五法郎，就可以任意摘一籃葡萄。

格羅培斯對葡萄園的這種做法感到很有意思，經打聽，這是當地一位老太太的葡萄園，她因無力照料而想出這個辦法。誰知在這綿延上百里的葡萄產區，總是她的葡萄最先賣完。

這種更加方便、任人自由選擇的做法使大師深受啟發，其實，現代超市的產生，也與此同理。他迅速給施工部拍了一份電報：「撒上草種，提前開放。」

就在狄斯奈樂園提前開放的半年裏，草地被踩出了許多條小路，這些踩出來的小路有寬有窄，優美自然。過了一年，格羅培斯讓人按這些踩出來的痕跡鋪設了人行道。

出乎人們的意料，在一九七一年倫敦國際園林建築藝術研討會上，狄斯奈樂園的路徑

設計被評爲世界最佳設計。

把心置於自然，讓自然啓動我們的心靈吧！

感悟點滴

人類向大自然學習，於是獲益良多——向魚類學習，於是人類發明了輪船、潛水艇和航空母艦；向鳥類學習，於是人類發明了飛機、火箭和太空船；向蝙蝠學習，於是人類發明了雷達……太陽東升西落，潮水漲起漲落，萬有引力、浮力定律、能量守衡、量子理論……一切都早已蘊含在大自然當中。

吃葡萄的人生智慧

生活就是一串葡萄，
不一定得從最酸的那顆吃起，
老吃酸的，
不是牙被酸到，
就是甜的已過保鮮期變了味。
最先吃甜的葡萄，會越吃越酸，
生活就是一串葡萄，
甜的一個也不放過，
遇到酸的就加蜜糖。

金秋時分，瓜果飄香，螞蟻夜以繼日地工作著，爲冬天儲備糧食。蝴蝶與螞蟻眞是大相徑庭，整天除了吃喝玩樂以外，就只是在秋天柔軟的陽光中飛來飛去。結果可想而知，

冬天一到，螞蟻在洞裏吃著豐富的食物，而可憐的蝴蝶呢，在饑寒交迫中悲慘地死去。

這個故事要我們做一個忙於工作的人，而不要偷懶。傳統的教育觀點和現實的生活壓力都要我們做一個繁忙的人，勤奮的人固然值得讚賞，但他們每天準時上班，工作緊張，就是老闆沒要求，下班後也會待在辦公室繼續努力。勤奮的人，生活只剩下家和辦公室的兩點一條線，他們雖得到不斷地提升和加薪，但經常吃不香睡不著。

換個角度思考一下，我們爲什麼不能像蝴蝶一樣地生活，又能像螞蟻一樣有過冬的食物呢？做一個「懶」卻有所得的人，有沒有可能？

這當然有可能。事實上，生物界中並非所有的螞蟻都是勤奮者，這點，前面的文章已講過。著名經濟學家、北京大學教授鄭學益在闡述市場行銷理念時，以「懶螞蟻」現象作類比：相對而言，蟻群中的「懶螞蟻」更重要，在企業中注意觀察市場、研究市場、把握市場的人更重要，這就是所謂的「懶螞蟻效應」。

這種「懶螞蟻」，事實上就是過著蝴蝶般的生活，冬天又不必爲生計發愁。以下是過「懶」而卻有所得的生活建議：

1.做一隻有成就的蝴蝶，你的目標必定要和勤螞蟻有所不同。

2.你要比勤螞蟻更聰明才行。

3.你要成為一隻有螞蟻屬性的蝴蝶，也就是說，你不能像蝴蝶一樣眞的什麼事都不做，只想著不勞而獲。

總之，一個「機智的懶人」其實是懂得用適度的勤奮獲得最大化幸福的人。我們所說的「懶」是一種有智慧、有效能的「懶惰」，它需要創造性和判斷力，包括如何明智地利用你所擁有的時間、精力、動力、金錢、耐心、勇氣等資產。

感悟點滴

成功是一種平衡，新時代的人要懂得精力管理和時間管理。如果你每天的工作都超過八小時，那麼你是在從事一份錯誤的工作；不然，就是你的工作方法有問題。每份工作中，大部分是常規性的、重複性的。而大部分人都把時間花在不該花的地方，既耽誤了時間，又耗費精力，透支身體。其實，工作中至少有一大部分是應該按照既定模式來執行的，我們必須懂得「要事第一」的原則。

注重養生預防疾病

許多人不是死於疾病，
而是死於自己的無知。
許多疾病是完全能預防的，
而不是得靠醫生的治療。
多學一點保健知識，
你的人生會活得更快樂更持久。
要善待生命，為自己負責，
不要對自己的健康不以為然，
不要以為金錢是萬能的，
不要到病入膏肓才醒悟，
不要少年就得老年病。

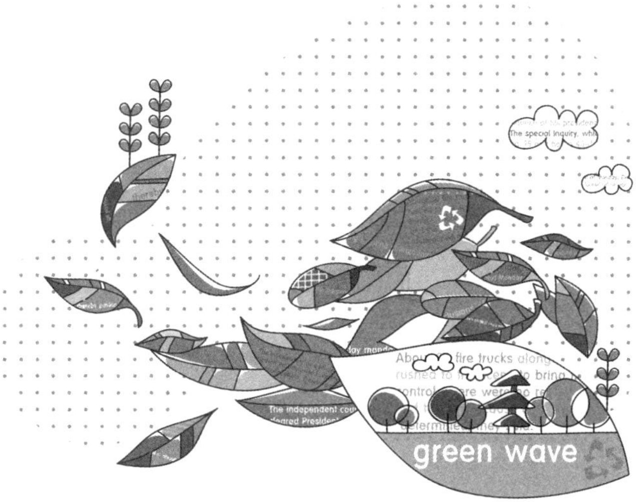

生老病死是自然規律，但生與死的方式卻不同。一種是快樂地活，自然地亡，猶如樹

木之冬天落葉；在人，是無病無痛，無疾而終，百歲之後，睡中離去。一種是活得痛苦，死得難受，受盡折磨而死，在醫學上叫病理死亡，即提前死亡，猶如樹木被蟲害咬死；在人，是七十八十，疾病折磨，痛苦地死。

如想避免病理死亡的痛苦，那就先得更新觀念：過去醫學關注的是治療，今後將更關注預防；過去人們追求治病，今後人們要更加追求健康。

誰都希望自然凋亡，但大部分人都是提前死亡，原因是我們違背了自然規律，違背了生命規律。那麼，靠高科技行嗎？也不行。因爲在健康的四大要素中，十五％取決於父母的遺傳因素，一○％取決於社會環境因素，五％取決於自然環境因素。以上這三十二％是我們自身所改變不了的，剩下的六十八％中，醫療手段只占八％，而個人的生活習慣、生活方式卻占了六○％。

美國一位著名醫療專家說得好，任何高科技都無法使病人恢復到得病以前的健康狀態，因此預防是最好的治療。

說到此，我們來看一個歷史故事。

魏文王問名醫扁鵲說：「你們家兄弟三人，都精於醫術，到底哪一位最好呢？」

扁鵲回答：「長兄最好，中兄次之，我最差。」

文王再問：「那麼爲什麼你最出名呢？」

扁鵲答說：「我長兄治病，是治病於病情發作之前。由於一般人不知道他事先能剷除病因，所以他的名氣無法傳出去，只有我們家的人才知道。我中兄治病，是治病於病情初起之時，一般人以爲他只能治輕微的小病，所以他的名氣只及於本鄉里。而我扁鵲治病，是治病於病情嚴重之時，一般人都看到我在經脈上穿針管來放血、在皮膚上敷藥等大手術，所以以爲我的醫術高明，名氣因此響遍全國。」

文王說：「你說得好極了。」

最好的醫生是不讓人得病的醫生，美國國家衛生局報告指出，採用醫療手段，花費成百上千億美元，可減少一〇%的提前死亡，而採取預防養生方法，不用花多少錢，可以減少七〇%的提前死亡，而且減少痛苦。

當然，預防養生不能解決全部問題，但至少可以減少一半以上的疾病和延長十年以上

的健康壽命。

怎樣進行預防養生，讓自己健康快樂一百歲呢？對此，專家們提出了一些好的建議：

1.天天都有好心情。什麼是好心情呢？好心情是「最好的心加最好的情」。好心是愛心、善心和眞心；情是友情、親情和愛情。愛心使人健康，善心使人美麗，眞心使人快樂，友情使人寬容，親情使人溫馨，愛情使人幸福。一句話，好心情使人免疫力提高，腫瘤、病毒、細菌感染都減少，而且生命活力增強。

2.讓自己在六十歲以前沒有病。研究表明，退休後進入老年期，許多慢性病患的體質反而改善；而中年期是一生中動脈粥樣硬化和許多慢性病快速增長期，也是人生的健康易損期，最容易出現心腦血管病，糖尿病患病率上升，而且目前發病年齡還有不斷下降的趨勢。

3.做個投資健康的一等聰明人。對健康有四等人，一等聰明人，他們投資健康，健康增值一百二十；二等明白人，他們儲蓄健康，不傷害自己，結果健康保值，平安九十；三等普通人，他們漠視健康，結果健康貶值，只能帶病七十；四等糊塗人，他們之中許多是白領中年人，透支健康提前死亡，生命五十六十。等級不同結局各異，可謂種瓜得瓜，種

豆得豆。

總之，有病看醫生，養生靠自助，若想壽而康，九成靠自己。天人合一，順應自然，扶正固本，陰陽平衡，我們就可以享受快樂而從容的人生。

感悟點滴

有人說：「骨骼支撐你的身體，健康支撐你的整個生命和事業。一種美的心情，比十劑良藥更能解除疲憊和痛楚。良好的飲食習慣是最好的健康投資。有健康就有希望，有希望就有一切。沒有一個朋友比得上健康，沒有一個敵人比得上病魔。健康的精神寓於健全的身體，優雅和美不可能和健康分開。」

不要輕視健康，輕視就等於愚昧無知。無知和盲目的生活，最容易出大病。不要只重ＩＱ、ＥＱ，而不提升自己的健康商數，不瞭解自己的身體，不知道怎樣預防疾病，不善於調理飲食和修身養性，那最大的受害者必定是你自己。

下棋玩牌是一項頭腦體操

高者能看出幾步，
低者只能看兩三步。
能者顧大局，謀大勢，
不以一子一地為重，以終贏為目標；
庸者重眼前，寸土必爭，
結果是辛辛苦苦地屢犯錯，以失敗告終。
贏家大多表示謙虛，
輸家往往不服輸。
人生忌戀戰，
當大局無望應迅速放棄另謀出路。
下棋須超脫，方能得享年；
若過於用心，會傷肝傷脾。

變化無窮的圍棋

圍棋創始於中國，至今已有四千多年的歷史。圍棋有三六一個交叉點，《夢溪筆談》中說，每個點上都有放黑子、放白子、不放子三種可能。這樣，棋局的變化便是三三六一，如果將這些變化用每秒鐘運算一億次的電腦處理，三台這樣的電腦需要一○一五六年才能運算完畢。「千古無同局」，下圍棋永遠不會使人有雷同感和厭煩感。

有這樣一個傳說故事。西晉有個叫王質的樵夫，有一天在山上砍柴，為避雨來到王喬仙洞。洞中有兩位老人在下棋，他便在一旁專心地觀起棋局來。棋逢對手，殺得難分難解，一直下了一天，到晚才下完一局。王質突然想起回家，一看斧頭的木柄都已腐爛了。回到村裏，別人不認得他，他也認不得別人，原來已經過了一百多年。

這雖是個荒誕的故事，但圍棋確能使人樂而忘我。唐代學者李訥，才華橫溢，但性情非常急躁，平時很愛發火。但當他下起圍棋時，就像變了一個人似的，十分安詳，格外平和。

著名的武俠小說家金庸先生曾把下圍棋比作「頭腦體操」。他說下圍棋有五得：「得好友，得人和，得教訓，得心悟，得大壽。」

富含人生哲理的象棋

明代哲學家王陽明愛下象棋。一次在河邊下棋，母親連連叫了好幾聲都沒反應，氣得一把抓起棋子扔進河裏。他頓時痛惜萬分，觸景生情，吟了一首《哭象棋詩》：

「象棋在手樂悠悠，苦被嚴親一旦丟，兵卒墜河皆不救，將軍溺水一起休。馬行千里隨波去，士入三川逐浪流。炮響一聲天地震，象若心頭爲人揪。」

哲人喜歡象棋，因爲每個棋子都充滿人生哲理。老帥的地位最高，自由度最小，可謂高處不勝寒；車敢於橫衝直撞，連老將都不敢跟它打照面，但有時會屈死於小卒之手；對於馬來說，世上的路要都是又平又直，那它可走的只有死路一條；炮的威力在於趁你不小心時，會從看不見的地方給你致命的一擊，但它得靠別人的支持才顯神威；士既是老將的貼身護衛，也是置老將於死地的無情殺手；象的使命就是保主人與保自己；小卒雖弱，一步一個腳印，一旦過了河就能顯神通，能左能右，乃至將老將困死孤城。

確實，每個人在人生舞臺上，和棋盤上的棋子多麼相似，每個人都擔當著不同的角色，誰都離不開誰，即是最平凡最普通的人，也不要小看自己。

具有多種象徵意義的撲克

撲克牌也是一項深受世人歡迎的娛樂用具。相傳它最早出現於十三世紀的英國。撲克很有代表意義：「黑桃」代表橄欖葉，其寓意是和平；「紅桃」象徵著智慧，表示愛情；「梅花」的黑三葉源於三葉草，代表幸福；菱形的「方塊」是鑽石形狀，其含意是財富；大王和小王代表太陽和月亮，其他五十二張牌恰是一年的全部星期數，每組牌十三張的數目正好與一個季節中的星期數相同；每一季節是九十一天，十三張牌的點數相加恰是九十一；四種花色的點數之和加上小王的一點，即爲一年三百六十五天，如再加上大王的一點，則正好是閏年三百六十六天的天數。此外，撲克牌中的J、Q、K共十二張牌，與一年十二個月相同，又可表示太陽在一年中經過十二個星座。

深受偉人們青睞的橋牌

橋牌是撲克牌中的一種遊戲，也深受人們的青睞。許多歷史偉人都是橋牌迷，艾森豪在第二次世界大戰中，等待盟軍登陸消息時，也擠出時間玩一局橋牌；英國首相邱吉爾在二次大戰爆發、英軍參戰時，仍念念不忘打橋牌。中國的鄧小平也頗愛打橋牌，晚年時，他的橋牌技藝日益精湛，被外國人譽爲中國的「高級橋牌迷」。橋牌女皇、美籍華人楊小燕女士與鄧小平同桌打牌，非常讚賞他的打牌技術。一九八一年世界橋牌記者協會還頒給

他橋牌榮譽獎。玩橋牌不僅是鄧小平閒暇時醒腦提神的好幫手，也成爲他運籌帷幄的得力工具。他說：「我打橋牌，證明我腦筋還清楚」。「我是用游泳鍛煉身體，用橋牌來訓練腦筋。」

起源於《水滸傳》一百零八將的麻將

麻將與象棋、撲克牌不一樣，一百三十六張牌一律平等，只有排位，沒有貴賤大小之分，原叫抹將，據說抹的是《水滸傳》中的一百零八將。麻將牌中的萬、餅、條是發明者萬秉迢的諧音，每張牌只代表一個號碼，爲的是組牌時好排順序，但是每一張牌都有其作用。這容易讓人想到每個人存在的意義和價值，以及過去人們對平等自由的渴望。

玩麻將最大的樂趣是富於變化和發展。麻將的輸贏並不全部決定於剛上手時牌的好壞，因爲它能於摸牌中調整變換。得而失之，失而復得，牌的輸贏也隨著時空轉換而發生變化。人生又何嘗不是如此，命運並不是一成不變，也不是無法改變。

感悟點滴

有人說：下棋不苦，想贏才苦。有人說：同大家下棋是一種享受，能得到他人的人格美感召；同俗子下棋是活受罪，受其惡劣棋風的虐待，贏得不快，輸得不爽，平

局也受奚落。但人生中雅俗都會碰上，誰能逃避得了呢？同高雅者共事，得其薰陶或培養；同粗俗者共事，可以鍛煉自己的人格。

國家圖書館出版品預行編目資料

該問路的時候，不要裝酷／林大有作.
第一版——臺北市：老樹創意出版；
紅螞蟻圖書發行，2010.4
面；　公分. ——（New Century；31）
ISBN 978-986-6297-10-6（平裝）
1.人生哲學　2.修身　3.通俗作品
191.9　　　　99007704

New Century 31

該問路的時候，不要裝酷

作　　者／林大有
文字編輯／胡文文
美術編輯／上承文化有限公司
發 行 人／賴秀珍
榮譽總監／張錦基
出　　版／老樹創意出版中心
企劃編輯／老樹創意出版中心
發　　行／紅螞蟻圖書有限公司
地　　址／台北市內湖區舊宗路二段121巷28號4F
網　　站／www.e-redant.com
郵撥帳號／1604621-1　紅螞蟻圖書有限公司
電　　話／(02)2795-3656（代表號）
傳　　眞／(02)2795-4100
港澳總經銷／和平圖書有限公司
地　　址／香港柴灣嘉業街12號百樂門大廈17F
電　　話／(852)2804-6687
法律顧問／許晏賓律師
印 刷 廠／鴻運彩色印刷有限公司
出版日期／2010年5月　第一版第一刷

定價220元　港幣73元

ISBN 978-986-6297-10-6 Printed in Taiwan

老樹創意

老樹創意